PRIGHERI E CANZUNEDDI DIVOTI DA SICILIA

PRAYERS AND DEVOTIONAL SONGS OF SICILY

Legas
Sicilian Studies Series
Series Editor: Gaetano Cipolla
Volume XV

Other Volumes Published in this Series:

1. Giuseppe Quatriglio, *A Thousand Years in Sicily: from the Arabs to the Bourbons*, transl. by Justin Vitiello, 1992, 1997;
2. Henry Barbera, *Medieval Sicily: the First Absolute State*, 1994, 2000;
3. Connie Mandracchia DeCaro, *Sicily, the Trampled Paradise, Revisited*, 1998, 2008;
4. Justin Vitiello, *Labyrinths and Volcanoes: Windings Through Sicily*, 1999;
5. Ben Morreale, *Sicily: The Hallowed Land*, 2000;
6. Joseph Privitera, *The Sicilians*, 2001;
7. Franco Nicastro and Romolo Menighetti, *History of Autonomous Sicily*, transl. by Gaetano Cipolla, 2002;
8. Maria Rosa Cutrufelli, *The Woman Outlaw*, transl. by Angela M. Jeannet, 2004;
9. Enzo Lauretta, *The Narrow Beach*. transl. by Giuliana Sanguinetti Katz and Anne Urbancic, 2004;
10. Venera Fazio and Delia De Santis, ed. *Sweet Lemons: Writings with a Sicilian Accent*, 2004;
11. *The Story of Sicily*, 2005. (Never printed)
12. Gaetano Cipolla, *Siciliana:Studies on the Sicilian Ethos*, 2005;
13. Paolo Fiorentino, *Sicily Through Symbolism and Myth*, 2006;
14. Giacomo Pilati, *Sicilian Women*, 2008.

Prigheri e Canzuneddi Divoti da Sicilia

Prayers and Devotional Songs of Sicily

*Edited and Translated into English by
Peppino Ruggeri*

© Copyright Legas 2009

No part of this book may be translated or reproduced in any form, by print, photoprint, microfilm, microfiche, or any other means, without the written permission from the copyright holder.

Library of Congress Cataloging-in-Publication Data

Prigheri e canzuneddi divoti da Sicilia = Prayers and devotional songs of Sicily / edited and translated into English by Peppino Ruggeri.
    p. cm. — (Sicilian studies ; 15)
Texts of prayers and songs In Sicilian dialect with English translation.
 ISBN 1-881901-65-3 (pbk. : alk. paper)
  1. Italian language—Dialects—Italy—Sicily—Texts. 2. Catholic Church—Prayers and devotions. 3. Prayers. 4. Hymns, Italian. I. Ruggeri, Peppino, 1943-
  II. Title: Prayers and devotional songs of Sicily.
 PC1803.P75 2008
 242'.8009458—dc22

                    2008045988

Acknowledgements

The publisher is grateful to Arba Sicula for a generous grant that in part made the publication of this book possible.

For information and orders, write to:

Legas

P.O. Box 149   3 Wood Aster Bay
Mineola, New York   Ottawa, Ontario
11501, USA   K2R 1D3 Canada

legaspublishing.com

Printed in Canada

Table of Contents

INTRODUCTION 7
I. LA STAGIUNI DI NATALI /THE CHRISTMAS SEASON
A. L'avventu/ The Advent
U Viaggiu Dulurusu / Primu Jornu 16
The Sorrowful Journey / First Day 17
Secundu Jornu / The Second Day 18
Terzu Jornu / The Third Day 20
Quartu Jornu / The Fourth Day 22
Quintu Jornu / The Fifth Day 24
Sestu Jornu / The Sixth Day 26
Settimu Jornu / The Seventh Day 28
Ottavu Jornu / The Eighth Day 30
Nonu Jornu / The Ninth Day 32

Lu Gran Bannu / The Great Decree 34
S. Giuseppi 'ntra la Chiazza / Saint Joseph in the Square 38
Nuttata di Friddu e di Jelu / The Cold and Frosty Night 40
Vecchiu Prisepiu / The Old Manger 41

B. Christmas - Natali
Christmas Novena / Nuvena di Natali 44
La Notti Disiata / The Night of Our Heart's Desire 48
Pasturi / Shepherds 52
Prighera di Natali / Christmas Prayer 54
Pastorale / Pastorale 56
Nasciu u Bammineddu / The Little Child Is Born 58
Natali / Christmas 58
Evviva Maria / Praise to Mary 58
Bammineddu Balla Balla / Little Child Dance 58
Canzuni di Natali /Christmas Song 60
A la Notti di Natali / Christmas Night 60
Ninnaredda di Natali / A Christmas Lullaby 60
A Nascita di Gesù / The Birth of Jesus 62
Biancu Velu / White Veil 62
Canto Natalizio/ Christmas Chant 62
A Gesù Bamminu / To Baby Jesus 64
Bammineddu / Little Child 64

C. Lullabies / Ninne Nanne 66
A Notti di Natali / Christmas Eve 66

Beddu Bambinu / Pretty Child 66
Ninna di Gesù Bambinu / Lullaby for Baby Jesus 68
O Bamminu Babbineddu / Little Child 70
Bammineddu Picciddu / Little Child 70
E Ninna la o / Lullaby Little Baby 70
Bammineddu di Cartagiruni / Little Child of Caltagirone 72

D. A Sacra Famigghia / The Holy Family 74
Maria Lavava / Mary Did the Washing 74
Sutta un Pedi di Nucidda / Under a Tree 74
Prighera i Natali / A Christmas Prayer 74
La Matri Santa / The Holy Mother 76
La Madunnuzza / The Dear Lady 78
A Madunnuzza / Our Lady Dear 78
San Giuseppi Vicchiareddu / Saint Joseph the Old Man 78

II. A SIMANA SANTA / THE HOLY WEEK
Lu Verbu / The Word 82
Prizzita Santa / Holy Prizzita 84
U Lamentu du Gioviddì Santu / Holy Thursday's Lament 88
A Madunnuzza Quannu Nutricava / Mary When She Was Nursing 90
Signuruzzu / Dear Lord 92
O Sipurcu / The Tomb 94

III. PRIGHERI PI GESU / PRAYERS TO JESUS
Cu Gesù Mi Curcu / I Rest with Jesus 96
Isu l'Occhi / I Lift My Eyes 98
Di Gesù lu Santu Nomu / Jesus Holy Name 98
A Gesù Sacramentatu / To Jesus in the Sacrament 102
S.S. Crucifissu / The Most Holy Cross 104
Signuruzzu / Dear Lord 104
Signuruzzu / My Dear Lord 106

IV. PRIGHERI A MADONNA / PRAYERS TO MARY
Quannu Maria / When Mary 108
A Maria 'Mmaculata / To Mary Immaculate 110
P'Addulurata / For the Sorrowful Lady 112
Madonna di la Grazia / Madonna of All Graces 114
Maria di Munti Carmelu / Mary of Mount Carmel 114
A Matri di lu Carminu / Our Mother of Mount Carmel 114
Tutta Bedda / So Lovely 116
Supra Lu Munti / Over the Mountain 116
A Madonna du Cammunu / To Mary of Mount Carmel 116

L'Abitinu / The Small Dress 118
A Maria la Carmilitana / Mary of Mount Carmel 120
O Maria di lu Tunnaru / Mary of Tindari 122
Madunnuzza du Tunnaru / Madonna of Tindari 122
Madonna di Monserrato / Madonna of Monserrato 122
A Madonna du Rusariu / Madonna of the Rosary 124
O Maria di lu Rusariu / Mary of the Rosary 126
Matri di lu Rusariu / Mother of the Rosary 126
Iemu a lu Rusariu / For the Rosary We Go 126
Misteri Gaudiosi / Joyful Mysteries 128
Misteri Dolorosi / Sorrowful Mysteries 128
Misteri Gloriosi / Glorious Mysteries 130
O Maria, Sti Pochi Sciuri / These Few Blooms 132
Viva Maria / Praise to Mary 134
Gesù Miu, Gesù Miu / My Jesus, My Jesus 136
Maruzzedda / Young Mary 136
Salvi Rigina / Praise to the Queen of Heaven 138
Salutu a Maria / Greeting to Mary 138

V. PRIGHERI PI SANTI / PRAYERS TO THE SAINTS
Santa Barbara / Prayer to Saint Barbara 140
San Nicola / Saint Nicholas 140
Prighera a San Brasi / Prayer to Saint Blaise 140
S. Giuseppi Puru e Santu / Saint Joseph Pure and Holy 142
Rusariu i S. Giuseppi / Rosary to Saint Joseph 142
Prighera a S. Giuseppi duranti a Prima Guerra Mundiali / Prayer to Saint
       Joseph During the First World War 144
Prighera a San Franciscu 'i Paola / Prayer to Saint Francis of Paola 148
S. Antoniu / Saint Anthony 148
Sant'Antuninu / To Saint Anthony 148
Nuvena 'i S. Giovanni / Novena to Saint John 150
Matri Sant'Anna / Mother Saint Ann 152
San Duminicu / Saint Dominic 152
San Cocimu e Damianu / Saint Cosimo and Damiano 152

VI. DIVERSI PRIGHERI / MISCELLANEAUS PRAYERS
Diu Fici un Giardinu / God Made a Garden 154
Vai Alla Missa / Go to Mass 154
Palummedda / Young Dove 156
O Signuruzzu / To the Dear Lord 156
Nta Stu Fonti / In This Spring 156
Iò trasu / I Enter 156
Prighera da Prima Matinata / Early Morning Prayer 156

Prighera / Prayer 158
Lu Sonnu / Sleep 158
Anima Mia / My Soul (si recita u 15 'i sittembri dopu menzijornu) 160
O Diu Patri Criaturi / God Our Father and Creator 160
O Patruni di lu Munnu / The Master of the World 162
Pi Morti / For the Dead 164

VII. 'NSIGNAMENTI DA CHESA / CHURCH TEACHINGS
U Cridu / A Crede 166
Prupositi / Resolutions 168
I Pricetti da Chesa / Church Commands 170
Opiri di Misericordia Curpurali / Corporal Works of Mercy 170
Opiri di Misericordia Spirituali / Spiritual Works of Mercy 170
Virtù Cardinali / Cardinal Virtues 172
Cunfissioni e Umiliazioni / Confession and Contrition 172
Atti di Duluri / Act of Contrition 172
A Cunfissioni di Piccati / Confession of Sins 172
Piccati chi gridunu vinnitta davanti a Diu / Sins that Call for God's Wrath 174
Prighera alla SS. Trinità / Prayer to the Most Holy Trinity 174
Prighera / Prayer 176

INTRODUCTION

As the time for bidding farewell to my academic life drew near, and at a faster pace than I had envisaged, my mind turned back in time to childhood images while conversations in the Sicilian language began to appear sporadically in my dreams. I followed the wanderings of my mind by taking more frequent trips to my native village of San Pier Niceto in the province of Messina.

Reminiscing with my sister and her family about the happy old days and about the loved ones who had shaped our lives and were still alive in our hearts occupied most of our dinner time which often stretched into the early hours of the morning. In those conversations, long forgotten images began to flow as in a film, sometimes in a certain order and other times disconnected, always in black and white but still distinct.

I saw my paternal grandmother in her farm house cutting figs in half to prepare them for drying while telling stories and sprinkling them with generous helpings of Sicilian proverbs. I saw my paternal grandfather wielding the pick ax to split large clumps of clay soil, hardened by the sun, in preparation for planting wheat. I saw my maternal grandmother stuffing my bag with cheese, homemade salami, freshly baked bread, and a bottle of last year's best wine when I stopped on Easter Monday on my way to the hills with my friends in that special communal celebration. I could not be put to shame ("non poi fari mala figura") whe I shared that food with my friends, she always reminded me. I saw my maternal grandfather gently caressing the wheels of cheese he had made, some large and some small, to spread evenly the salt and olive oil. I saw my great aunt reciting the rosary while crocheting a rose in a small square. These roses would in the end form a beautiful blanket that I would have to use in the double bed when I got married, she kept reminding me with a smile.

I went to visit them often, in their resting place in the village cemetery half a mile from my sister's house, to chat about old times. I had no doubt that they were there in spirit, glad to see me again in the native land. I had no doubt that they listened to my talk, and I was certain that they replied, though I no longer could hear their voices.

My visits invariably coincided with some religious festivity, sometimes by accident and other times by design. Those occasions rekindled other dormant memories. I saw myself as a teenager walking in a double row behind the statue of Saint Joseph during the procession in his honor, as a member of the brotherhood of the church of Saint Catherine, where I had been baptized. I remembered the beat of the drum carried by a friend of mine at the front of the line. My mouth began to salivate at the memory of the goat meat specially roasted by my maternal grandfather in the brick oven for the feast of Saint Rocco. I remembered the procession at Holy Tuesday with the large statue of the Crucifix being carried from Saint James church to Saint Peter's church and back, the multi-colored ribbons attached to the Lord's hands and streaming down to the hands of the faithful, the small children dressed in gold-laden white dresses with wings of white dove feathers (iangiuleddi) and other children dressed as little nuns (monacheddi).

The sounds of the old prayers began to invade my mind, not because I had recited them in my childhood and now remembered their words and rhythm. I had heard the grown-ups recite them, and though I paid no attention to their words then, now they became alive as I heard them again recounted by the faithful following the processions.

I asked my sister what had happened to all those prayers and songs of devotion in the Sicilian language, often memorized and recited by heart. She replied that only the very old people in the village remembered them and that written versions would be very hard to find. Undaunted, I inquired further in the village and realized that with some effort it would be possible to gather a collection of these prayers. My nieces willingly helped me in this endeavor and retrieved many prayers and songs, by writing down the prayers and songs transmitted orally by other ladies. In the end, my collection included over 100 pieces.

This collection of prayers and songs of devotion heightened my awareness of the religious feasts throughout the year and helped me celebrate them in a more traditional manner, though io another continent. As I recited the collected prayers and songs relevant to the various celebrations, it occurred to me that there may be other Sicilians who shared my experience. It also occurred to me that even their children and grandchildren may not be interested in holding unto these traditions, but some of them may not be able to read these works in their original form. So the idea of producing an English translation of these prayers and songs was born.

I contacted professor Gaetano Cipolla to inquire about the opportunity to publish a book that contained the prayers in the original Sicilian language and their English translation. I was delighted when I received a positive response and began the translation task in earnest.

This collection is not made of prayers and songs that originated in my village and the surrounding villages in the province of Messina. It is rather a collection of prayers and songs that have been in use in that region for decades, some of them for centuries, whatever their origin may be. It is this tradition that I desire to keep alive. Since these compositions have origins all over the island, they may also be part of the tradition of many other villages, thus making them relevant to the religious traditions of all Sicilians.

These prayers and songs cover religious celebrations over the entire year, but not in an even manner. There is greater concentration on the two major celebrations, Christmas and Easter. I decided to organize the collected material into several groups, as outlined below.

1. *Christmas Season*. This season starts at the beginning of December and ends on the 6th of January. Because of the large number of prayers and songs for this celebration, I divided them into four parts: Advent, Christmas, Lullabies and the holy family. The latter two groups combined cover the period from Christmas to Epiphany.

Advent, the preparation for the birth of Jesus, officially starts on the fourth Sunday before Christmas Day (the Sunday nearest to November 30th) and lasts until Christmas Eve. This period includes a number of other festivities, such as the feast of Santa Barbara (4 December), Saint Nicholas (6 December), the Immaculate Conception (8 December) and Saint Lucia (13 December). The feast of the Immaculate Conception is usually celebrated with a novena that starts on November 29th and ends on December 12th. A second novena, the Christmas novena, is held between December 16th and December 24th.

2. *The Easter Season*. This period covers the religious celebrations for the Holy Week, which is characterized by official daily religious functions and formal processions on Palm Sunday, Holy Monday, Holy Tuesday, and Good Friday. This season does not have a fixed date. Easter is celebrated the first Sunday after the full moon following the Spring equinox (set at the 21st of March). The date for Easter can be no earlier than March 23rd and no later than April 25th.

3. *Prayers to Jesus*. The remaining prayers and songs are not associated with any particular period. Instead they are grouped on the basis of their theme. The first of these groups includes the prayers to Jesus as a grown-up.

4. *Prayers to Mary*. A large group of prayers and songs is dedicated to Mary, the mother of Jesus, in all her manifestations. Those regarding the events surrounding the nativity were included in the Christmas period. The rest were placed in this group.

5. *Prayers to the Saints*. In the old days, and to a certain extent even today, the calendar year is sprinkled with religious events that are formally celebrated through special masses, novenas and sometimes processions. All of these celebrations, of course, are accompanied by prayers and chants, some of which are recorded in this group.

6. *Various Prayers*. A small number of compositions defied a neat classification and were included in a generic group.

7. *Church Teachings*. The final group includes a variety of Church teachings. Though technically neither a prayer nor a song, these compositions are useful because they shed some light on the faith of our forefathers.

On the whole, these prayers and songs of devotion are simple compositions. Some served to express the basic devotions of a people that recognized its dependence on God and others served to express the teachings of the church in a manner that would be understandable to people who had no capacity to read or write. Thus the importance of rhymes to help remember the message. Even in their simplicity, these prayers and songs incorporate the elements of a popular theology, not as an intellectual construct, but as an existential relationship between ordinary, and often poor, folks and their creator. I will try to identify these theological elements in the introduction to each group of prayers and songs.

Before embarking on the task of translating I looked at five elements of these prayers and songs: author, purpose, language, rhyme, and rhythm (meter). These pieces were not written by renowned poets or people of high learning but originated in the hearts of ordinary folks as they tried to express their understanding of their faith and the relationship between their life on earth and the powers in heaven. Nonetheless, the authors must have had some schooling to able to produce such compositions or even to just write down prayers that had been transmitted through oral tradition.

The compositions that I was able to collect include three types of writings. One type is composed of Church teachings, which are more in the form of stylized prose and have no particular rhyme or rhythm. Another type is composed of short prayers. These are prayers that may have originated spontaneously as an expression of the devotion of ordinary folks and carried over the years by oral tradition. The third type comprises long narrative poems. These are primarily stories describing in a more formal manner some aspects of the life of Joseph, Mary and Jesus. They have a recognizable structure and a specific rhyming pattern. They must have been written by people officially associated with the Church, as is the case of the canon Antonio Diliberto of Monreale, known under the pseudonym of Benedetto Annuleru.

The language of these prayers and songs is quite simple. The selection of words and expressions serves the purpose of creating direct images that would be familiar to the listeners. The prayers had to be direct to ensure a clear communication between the person reciting them and the intended Saints. The long narrative pieces also used simple language because their main purpose was instructional and the message needed to be understood by people who lacked the capacity to read and write.

As mentioned earlier, the longer narrative pieces have a well-defined structure and a specific rhyming pattern. The use of rhymes in these religious compositions was not only another expression of a traditional approach to folk poetry in Sicily, but also helped the listener remember the words. Thus the rhyme serves a pedagogic function as well as a literary one. The rhyme itself depended on the type of composition. The short pieces often have an irregular structure which is also associated with an irregular rhyming scheme and sometimes with no rhyme at all. In the case of the longer narratives, two structures and rhyming schemes are most commonly found. The first is the octosyllabic sextine with an ababcc riming scheme. The other is the quatrain which may have an aabb or an abab riming scheme.

Finally, most of these compositions have a specific rhythm, especially the long ones. In this aspect, they are part of a long tradition in Sicilian poetry, lasting to modern times, which often incorporates a particular rhythm as a natural element. The Sicilian language lends itself naturally both to rhyme and rhythm and in writing poems without either of these elements one runs the risk of producing a contrived composition.

In my translation I tried to remain true to these elements as much as possible. Not all elements, however, were given the same importance. For me, the most important element was the simplicity of the language. We are not dealing with sophisticated poems that require an equivalent poem in the translation. We have simple prayers and narratives that need a truthful translation so that the reader of the English version can picture the same images and can receive the same messages as the reader of the original version in Sicilian. The second most important element was the rhythm. I read the prayers and songs in Sicilian and imprinted the specific rhythm in my mind, an exercise familiar to me from my childhood experiences of reading or listening to popular village rhymes. Then I tried to reproduce it in the translation. Whenever possible, I also tried to reproduce a rhyming pattern, though not always the same pattern as in the original composition.

I hope that this collection of prayers and songs of devotion, presented both in the original Sicilian language and in an English translation, not only bring pleasure to the readers but also rekindle their love for the religious traditions that shaped the lives of ordinary Sicilians for centuries and perhaps may even enrich their faith experience today.

I wish to express my sincere thanks to a number of people who helped in the production of this book. I am particularly thankful to my nieces Graziella Previte and Angela Previte for volunteering to help collect these prayers, to Giovanna Pizzurro and Maria Carmela Ruggeri for their generous response, to my son Franco for his advice on the translation, to my wife Ute for proofreading the English translations, my granddaughter Lizzy for preparing the book cover and to professor Gaetano Cipolla for providing the opportunity to share these prayers with a larger audience than just family and friends.

I. THE CHRISTMAS SEASON – A STAGIUNI I NATALI

The compositions for the Christmas season resulted from a communal celebration that included four major elements: (a) dramatic representations often based on the nativity story, (b) the tradition of the mangers built in private homes, (c) the Christmas novenas, and (d) the use of musical instruments as accompaniment, particularly the bagpipes.

Some of these elements were formally incorporated into the traditions of the blind singers (orbi), itinerant singers and players of the bagpipe and the violin, particularly in the zone of Palermo. These itinerant performers were organized into a congregation in Palermo by the Jesuits in 1661 with the objective of spreading the message of the Church through compositions in the Sicilian language to reach the general public. These compositions evolved over time and culminated with the production around the middle of the seventeen hundreds of a number of narrative pieces by the priest Antonio Diliberto from Monreale, better known under the pseudonym Benedetto Annuleru. The best known of his pieces is U *Viaggiu Dulurusu di Maria Santissima e lu Patriarca S. Giuseppi*. This composition spread throughout the island and served as the basis for many variations, some of them in a compressed form.

In this book, *U Viaggiu Dulurusu* in the version found in my village is included as the first piece in the *Advent* sub-section and is followed by a shorter variation (*Lu Gran Bannu*). The subsection is completed by three shorter songs, two of which are related to the nativity story while the third one is an anonymous more recent piece in which the author reminisces about the manger prepared by his/her father.

The prayers and songs for the Christmas season provide interesting insights into the faith experience of our ancestors. First we notice that the tree members of the Holy Family have specific physical characteristics. The Virgin Mary is young and beautiful while Saint Joseph is viewed as an old man. Baby Jesus is portrayed more as a Nordic child than as a son of Israel: he is fair skinned and has blond hair and blue eyes. The holy family fits the requirements for a Christian family laid our by Saint Paul. Mary is obedient to her husband, not as a woman's submission to a man but as an extension of her obedience to God. Saint Joseph is portrayed as patient, loving, and attentive to the needs of his spouse and his child.

Two striking features of these prayers, with respect to the insights they provide for an understanding of the faith of our ancestors, need to be emphasized. The first is the focus on suffering both for Joseph and Mary during the trip to Bethlehem and for Jesus in the early days of his life. The second is the portrayal of the nativity as a current event rather than a distant occurrence.

The journey to Bethlehem by Joseph and Mary, though generally based on the Gospels, is described in much richer and more realistic details than the stylized accounts found in the Gospels. The stress is on the suffering associated with this trip. The trip is long, the terrain is rough, the weather is cruelly cold, and they finally find shelter in a damp and dirty cave open on all sides to the elements. Also, Jesus is portrayed as being born not in cozy manger placed in a warm stable, but in a cold cave. He is not kept warm by the oxen and the donkey, but suffers the cold, and often cries because of hunger. This is a different nativity scene from the one we are accustomed to in modern times, where the stress is on lights (the guiding star), a romanticized setting (born in a cozy manger), overflowing joy (the shepherds singing instead of bringing gifts) and lavish gifts (the three kings). This focus on suffering also established a unifying element between Christmas and Easter. In this nativity narrative, Jesus' suffering on the cross is not an isolated event needed to fulfill God's plan of salvation, but is the intrinsic and ever present condition of our Lord, who suffered at his birth as he did on the cross.

Quite revealing is the source of the rejection in Bethlehem. They were rejected not only by strangers, but more poignantly by Joseph's relatives. This rejection is even more painful because of its fundamental cause, namely, the apparent poverty of Joseph and Mary. The description of this rejection contrasts dramatically with longstanding traditions of hospitality, especially in the case of relatives, among the Jewish people and the Sicilians reciting these prayers. Since Joseph's ancestors originally came from Bethlehem, it stands to reason that some of them would be still in that city at the time of the visit of Joseph and Mary. Also it would be consistent with tradition for Joseph to expect a welcome reception for himself and his wife. This rejection by Joseph's own relatives parallels Jesus' rejection by his people at the time of his arrest in Jerusalem.

In the nativity scenes, the prayers and songs in the Christmas group, though loosely based on the Gospels, offer a more realistic portrayal than the description found in the Gospels. In reading these compositions one is struck by the limited reference to the three kings, which are mentioned briefly and in passing in only two pieces. The focus is on the poor people of the countryside – shepherds, hunters, farmers, woodsmen, poor women – and their gifts. Moreover, these gifts are not a surplus of wealth given away painlessly. They are the basic goods on which these poor folks relied for their own survival. With these gifts, they were not simply giving precious material things away, they were sharing of themselves.

In these prayers and songs, God is seen as becoming incarnated not in a boy of nobility and not even an ordinary boy. He was born poor, son of poor parents, and was venerated and loved by poor country folks. In these accounts, God became man to give solace to the poor and the afflicted.

Reading these prayers and songs one is struck by the very human and very real relationship between these poor country people and the members of the holy family. One also realizes that the gift givers at the time of Jesus' birth are no different than the Sicilians who were reciting these prayers. At the time these prayers and songs were written and for a long time thereafter, Sicilian villages were populated mostly by farmers, shepherds, woodsmen, and their spouses and children, and all of them led a subsistence life. Their life was not that much different than the life of the poor country folks that went to adore baby Jesus. Thus, the celebrations during which these prayers and songs were recited were not sterile reproductions of events long past and simply remembered annually. They were reliving of those events. Baby Jesus was not a memory to be kept alive, but he was alive and present in the here and now during those celebrations, much as the risen Christ is alive in the Eucharist. For me it this "presence" that makes these Christmas prayers and songs so special and uniquely significant.

A. *Avventu*

U Viaggiu Dulurusu
Primu Jornu

A Maria cui porta affettu
di Giuseppi cui fa cuntu,
si avi cori 'ntra lu pettu,
senta, senta 'stu raccuntu:
lu viaggiu dulurusu
di Maria cu lu so spusu.

2. Chissu edittu cuntinia
ch'ogni uomu d'ogni etati
iri a scrivirsi duvia
a la propria civitati
e un tributu poi paghari
qualchi summa di dinari.

4. Oh chi edittu pubblicatu
'ntra la chiazza or ora 'ntisi
gran caminu divu fari
e patiri alcuni spisi
e iu affrittu pi ubbidiri
a Betlemmi divu iri.

6. S'io vi lassu, haiu pena ria
sentu spartimi lu cori,
si vi portu in cumpagnia
oh chi peni e crepacori
e chi fari no sacciu ancora
pi pinsari vaiu 'ddaffora.

8. La divina vuluntati
cussì voli, chi partemu
iamuninni tutti i dui
avrà diu cura di nui
jamuninni unni vuliti.

1. San Giuseppi un jornu stannu
'nta la chiazza i Nazzaretti
pi so affari caminannu
sentì sonu di trummetti
sentì leggiri un edittu
chi lu cori assai ch'affrittu.

3. A 'sta nova infausta e ria
San Giuseppi cuntristatu
iu a la casa e a Maria
cussì dissi adduluratu:
oh chi nova addulurusa
iò vi portu amata spusa.

5. Divu iri a Betlemmi
stu viaggiu divu fari
o sia sulu o cu vui insemi
sempri peni aju a pruvari
o sia sulu o accumpagnatu
sarò sempri adduluratu.

7. A st'affettu dulurusu
di lu spusu so dilettu
cu palori assai amurusi
'cci rispunni tuttu affettu:
spusu miu non v'affriggiti.

9. Si lu nostru Imperaturi
'nni cumanna di partiri
cu pruntizza e veru amuri
lu duvemu nui ubbidiri,
cori granni, spusu miu!
cussì voli lu miu Diu.

A. The Advent

The Sorrowful Journey
First Day

If for Mary you have affection,
And for Joseph admiration,
If your heart if full of passion,
Heed the tale of my narration
Of the journey that distressed
Dear Saint Joseph and Mary blessed.

2. This edict all men has called
Whether young or old they be
For their names to be enrolled
In their place of nativity
And they have to bear the cost
Of the government impost.

4. A decree I heard distressing
As I passed across the square,
A long journey I must be making
And some costs I have to bear
Though afflicted I must obey
And to Bethlehem I must go.

6. If you stay, in pain I will be
And will have a broken heart
If you come for company
Oh! What pain, Oh! What torment,
I don't know what to decide
I will ponder on it outside.

8. It's God's will that we depart
On God's love we always depend
As long as we are not kept apart
His protection God will send.
Let us go where you decide.

1. As Saint Joseph was a-crossing
Of Nazareth the foremost square
His own business attending
He heard sounds of a fanfare
And the reading of the edict
To his heart pain did inflict.

3. These bad tidings having heeded
Dear Saint Joseph was aggrieved
To his house he then proceeded
And to Mary in anguish stated:
Oh! what agonizing news
To you loving spouse I bring.

5. In Bethlehem I must abide
From this trip there is no escape
Whether alone or with you aside
Sacrifices I am forced to make
Whether alone or in company
Full of grief I still will be.

7. Touched by the grieving love
Of so cherished a spouse,
With expressions of deep love
so did Mary give reply:
Loving spouse please do not wail
Where you go, there I will trail.

9. If it's God's determination
That together we go away,
With due haste and true affection
His command we must obey
Noble heart, my spouse so dear
God's will we heed without fear.

Secundu Jornu

1. A st'affetti di Maria
San Giuseppi ralligratu
rispunnia: signura mia
vui m'aviti cunsulatu
vi ringraziu, o mia signura
miu cunfortu e mia vintura.

2. Ma giacchè signura mia
mi vuliti accumpagnari
prima tanta longa via
qualchi modu aju a circari
ora datimi licenza
quantu abbruscu pruvidenza.

3. Sinni va Giuseppi allura
tuttu quantu affannateddu,
pi purtari la signura
pigghia un bonu ciucciareddu
ed ancora si disponi
pi la sua provisioni.

4. Cussì torna a la sua spusa
e cci dici: aju truvatu
mia signura maistusa,
'stasineddu furtunatu
comu gravida, o miu beni,
 iri a pedi nun cunveni.

5. 'Nta sti bertuli cci portu
pocu pisci e quattru pani
 pi ristoru e pi cunfortu
'nta sti parti assai luntani,
cosi cchiù fari vurria
ma non aju spusa mia.

6. Maria, ancora canuscennu
la divina vuluntà
si va puru dispunennu
pi lu partu chi farà,
e s'inchiu 'na cascittedda
di li soi 'frasciutaredda.

7. Avia fattu la signura
cu li propia so manu
una tila bianca e pura
dilicata in modu stranu
di 'sta tila fatta avia
li faddali a lu Missia.

8. San Giuseppe avia prucuratu
dui di lana panniceddi
e Maria n'avia furmatu
dui puliti cutriceddi,
e pruvvista di sti cosi
a partiri si disposi.

9. Già è in procintu di partiri
la Regina di lu celu
offrendusi a suffriri
fami, friddu, nivi e jelu,
chi stupiri in verità
cui non chianci pi pietà.

Second Day

1. With his wife's deep affection
Dear Saint Joseph was delighted
My dear lady, he responded
My sad heart you have consoled
To you my lady my thanks I address
You are my solace and my success.

3. Dear Saint Joseph then departed
In a hurry and in distress,
For his loving spouse transport
He procured a gentle ass
With his task he did abide
The necessities to provide.

5. In these bags I now transport
A few fishes and four bread loaves
For our needs and for our comfort
During such a trek so far
More I wanted to prepare
But I didn't have the fare.

7. Blessed Mary was now completing
With the work of her own hands
A linen cloth so white and gleaming
Dainty in a very special way
From this cloth she later sewed
A small apron for the Messiah.

9. She was ready for departing
Of the heavens our dear queen
She did not disdain the pain
From the hunger and cold so mean
It would be a real surprise
If in mercy we did not weep.

2. Since you have deliberated
To join in this peregrination
As the place is far located
I must make the preparation,
Give me leave, my spouse so fair
The essentials I must prepare.

4. He returned to his spouse
And exclaimed: I have found
O my loving, regal lady
This very lucky donkey
In your state of pregnancy,
Walking dangerous would be.

6. Blessed Mary, fully aware
Of her Lord's divine command
For the journey helped prepare
And the baby to be born
So she filled a dainty box
With some clothing for the birth.

8. Dear Saint Joseph had procured
Two pieces of sheep wool made
And with them Mary fashioned
Two small blankets for the bed
With their needs so well attended
Mary to the trip now tended.

Terzu Jornu

1. Già disposta di partiri
la gran vergine Maria
a lu spusu misi a diri
'nginucchiannusi umili e pia:
chista grazia facitimi,
spusu, binidicitimi.

2. San Giuseppe a chistu eccessu
d'umiltati senza pari
ripugnannu 'ntra se stessu
'un sapia chiddu chi fari
ma furzannu a voti spissi
cu umilia la binidissi.

3. Dopo st'attu d'umiltati
San Giuseppi parra e dici:
spusa mia, cuntenta stati
chi cu vui sugnu felici,
però suli partiremu
'ntra la strada chi faremu.

4. Arrivati a Betlemmi
passirà lu nostru affannu,
pirchì certu cu vui insemi
tutti a nnui ricivirannu
aju 'dda tanti parenti
boni amici e cunuscenti.

5. Li mei amici e li parenti
in vidennunni affacciari
tutti allegri e risulenti
nni virannu ad incuntrari
beni assai 'nni trattirannu
cira bona 'nni farannu.

6. Nni farannu ripusari
si nui stanchi arriveremu
'nni darannu di manciari
si pi via nui patiremu
cussì speru a sensu miu
si lu voli lu miu Diu.

7. Ma la savia Maria
c'un suspiru dulurusu
ca 'cchiù affanni prividia
cussì parra a lu so spusu:
ah, miu spusu si farà
la divina vuluntà.

8. Quantu Diu voli e disponi
sia la nostra cuntintizza
non timemu affrizioni
ne curamu l'alligrizza
sia la nostra cunfidenza
la divina pruvidenza.

9. Si saremu rifiutati
e di tutti scunusciuti
o saremu rispittati
e di tutti ben vuluti,
dirò sempri, o spusu miu
vi ringraziu, miu Diu.

Third Day

1. For departure now prepared
Virgin Mary ever blessed
To her husband intimated
Let us kneel in humbleness
But this favor do for me
By you blest I want to be.

2. Dear Saint Joseph found surprising
This humility without compare
And within himself debating
Was not sure if he should dare
In the end to affection yielding
With humility gave his blessing.

3. After this act of humbleness
Joseph spoke and this he said
Spouse, you can be content
For with you I am satisfied,
But alone we will depart
For the journey awaiting us.

4. When to Bethlehem we draw near
All our troubles will be gone,
In your company my dear
We'll be welcome by everyone
Of relatives I have a score
And of friends even more.

5. All my friends and relatives
When they see that we are coming
With glad smiles on their faces
They will rush to offer greetings
With their love we'll be entreated
And with kindness received.

6. In their home we can have rest
If exhausted when we arrive
They will offer food and drink
If we suffered along the way
In my heart that's what I hope
If God wills that to be.

7. But Mary full of wisdom
A sorrowful sigh released
As more troubles had foreseen
To her husband she replied
O my dear and honored spouse
God's will rules in our house.

8. Whatever God's will may be
Our happiness will secure
Of affliction we have no fear
And of gaiety we have no need
We rely with confidence
On divine providence.

9. If by all we are rejected
And to all strangers remain
If we are well respected
And with much good will received
My dear spouse, I will proclaim
Thank you God you are my gain.

Quartu Jornu

1. Chistu avvisu già in si viri
di Maria lu spusu amatu
'sti paroli misi a diri
tuttu quantu 'nfervuratu:
l'ura è tarda, chi faremu?
spusa cara, via partemu.

2. Maria Vergini ubbidendu
a lu sposu suu siguiu
lu so cori a lu offrendu
dannu gusta a lu so Diu,
San Giuseppi caminava
e li retini tirava.

3. Deci mila serafini
onuraru l'equipaggiu
a 'sti santi pilligrini
'nta 'stu poviru viaggiu
ralligrannu pi la via
a Giuseppi e a Maria.

4. Foru sempri scunusciuti
di li genti disprizzati,
da Diu suli ben voluti
e di l'Angeli onurati
non si curanu di peni
mentre Diu li voli beni.

5. Mudistedda e rispittusa
viaggiava la Signura
quantu è bedda e amurusa
virginedda e matri pura
ogni cori innamurava
di cui a casu la vardava.

6. Ben cumposta all'esternu
jia prigannu a lu Sugnuri
riflittia nellu su internu
di Gesù lu granni amuri
e 'ntra tuttu lu caminu
ia pinsannu a Diu bambinu.

7. Quanti lacrimi d'affettu
di l'ucchiuzzi ci scapparu
quanti jammi tra lu pettu
tanti peni ci purtaru
ia chiancennu ca scupria
chi so figghiu e Diu patia.

8. Pi la strada s'incuntrava
cu diversi piccaturi
e cu sguardu chi ci dava
cunvirtia 'ddi cori duri.
Pi pietà, viditimi
sugnu malu, cunvirtitimi.

9. A l'afflitti chi vidia
cu pietà li cunsulava,
pi l'infirmi chi scupria
tutt'affettu a Diu prigava:
iò su puviri, o Maria
pietà di l'anima mia.

Fourth Day

1. A new thought had in mind
Joseph beloved spouse of Mary
And these words he did speak
As he was concerned and wary
It's so late, what should we do
Dear wife, it is time that we go.

2. Virgin Mary in obedience
To his wishes gave a nod
With her loving heart as offer
She was thankful to her God
And Saint Joseph kept on walking
While the donkey's reins was pulling.

3. Ten thousand Seraphim
To the couple honor paid
To these pure and holy pilgrims
In this journey of sorrow and pain
They brought joy to the weary
Saint Joseph and blessed Mary.

4. They traveled unrecognized
And by folks they were disdained
Only God his love disclosed
And from angels love they gained
They don't worry about the pain
If God's love they can retain.

5. With great modesty and respect
Went along our dear lady
She is so lovely and in love perfect
Blessed virgin and mother pure
Every heart with love was seized
When to her they gave a glance.

6. Showing calm in her behavior
To her God she gave devotion
She reflected in her interior
Of dear Jesus great affection
And throughout the journey of pain
Her thoughts on Jesus did maintain.

7. How many tears of affection
From her eyes did depart
And what a great affliction
Did she suffer in her heart
And she wept as she discovered
How her son and God would suffer.

8. On her trip she made acquaintance
With great sinners of all sorts
When to them she gave a glance
She converted those wicked hearts
Gracious lady, please look at me
I am wicked, pray convert me.

9. The afflicted that she sighted
With kind mercy she consoled
For the sick that she discovered
With great love God she implored
To a sinner poor and lowly
Your great mercy please bestow.

Quintu Jornu

1. Siguitava lu viaggiu
San Giuseppi cu Maria
suppurtannu ogni disagiu
ogni affannu e travirsia;
e tu ingratu e scanuscenti
si patisci, ti lamenti.

2. Cincu jorna di caminu
far'insemi bisugnaru
caminannu di continuu
senza aviri nuddu riparu
ogni jornu affaticati
povireddi disprizzati.

3. Pensa tu lu vicchiareddu
quantu lassu e stancu sia
caminannu, puviriddu,
sempri a pedi pi la via
a la spusa riguardava
e affannatu suspirava.

4. Chi viaggiu dulurusu
chi fu chistu cu Maria
'ntra l'invernu dulurusu
'ntra lu friddu a la campìa
la Signura di lu celu
'ntra lu jazzu e 'ntra lu ielu.

5. Benchè l'Angeli assistiunu
rispittusi li guardaunu,
li timpesti che faciunu
troppu assai li turmintaunu,
viaggiava mudistedda
agghiazzata, 'ngriddutedda.

6. Cussì stanchi ed affamati
'ntra lu friddu camminaunu
nun truvaunu mai pusati
picchì tutti li disprizzaunu
povireddi li vidiunu,
pocu cuntu nni faciunu.

7. Su custritti a ripusari
di li staddi 'ntra l'agnuni
e 'ntra funnachi alluggiati
'sti celesti e gran persuni
oh ch'eccessu d'umiltà!
chi nun chianci pi pietà?

8. Senza chiantu cu pò stari
riflittennu chi Maria
è custritta ad abbitari
d'animali in cumpagnia?
quantu affruntu Maria senti
misa a mmenzu a tanti genti

9. Però quantu vosi Diu
ca pacenza suppurtaru
ogni pena e affannu riu
cu alligrizza tolliraru
suppurtannu 'stu disagiu
finu in tuttu lu viaggiu.

Fifth Day

1. On their journey they proceeded
Dear Saint Joseph and Mary pure
All discomfort tolerated
Every trouble did endure
And you thankless and vain
If you suffer dare complain.

2. Five long days they went along
And together they remained
Without rest onward moving
A good shelter never gained,
Every day they were exhausted
Poor souls even despised.

3. On the old man you should ponder
How weary he must have been
Poor soul as he did wander
On his feet and without rest
On his wife watch he kept
As he sighed and he wept.

4. What a journey full of woes
Was this trip for blessed Mary
In the cruel winter's throes
In the open fields so windy
Our beloved queen of heaven
Bitter cold had to endure.

5. Though the angels did escort
And respectfully they watched
The foul weather on their way
To the spouses gave torment
Mary went on in modesty
Though in pain she would be.

6. Very tired and nearly starved
In the cold they still proceeded
They found no place to rest
As by all they were rejected
When they saw that they were poor
No attention to them paid.

7. In the end they had repose
In a stable with lambs so shy
With the beasts they shared abode
Spouses blest from heaven high
What excess of humbleness
Who won't weep for their meekness?

8. How can weeping one restrain
When reflecting on how Mary
Is compelled to find abode
In the company of some beasts
What affront dear Mary felt
As with animals she dwelt.

9. But the plan of God's volition
With great patience they endured
Every pain and foul condition
They did cheerfully endure
And with woes they were afflicted
All along their woeful trek.

Sestu Jornu

1. Stanculiddi su arrivati
dopu tanta lunga via
già traseru a la citati
menzi morti a la strania,
ma si tu ci porti affettu
mettitilli 'ntra stu pettu.

2. Vannu spersi pi li stradi
nudda casa annu truvatu
lu risettu in caritati
di li genti ccè nigatu,
e di tutti su affruntati
comu vili sù cacciati.

3. Dopu tantu caminari
nun avennu stanza avutu
jeru a scrivirsi e pagari
a lu re lu so tributu,
siguitannu poi a circari
qualchi alloggiu di truvari.

4. Ma li senti e spissu indarnu
nun li vonnu d'almi audaci
e Giuseppe nell'internu
nun putia darisi paci,
e chiancennu ripitia:
ch'aia fari, amuri miu?

5. 'Ntra lu chianciri pinsau
chi dda c'era 'na pusata
pi unni poi s'incamminau
cu Maria so spusa amata
junci e vidi frattaria
nun c'è locu all'osteria.

6. 'Na stadduzza era vacanti
ma Giuseppe nun è contenti
'dda s'accomoda 'ntranistanti
cu Maria, stanca e languenti,
a lu scuru stanchi e amari
si jittaru a ripusari.

7. Però allura su cacciati
pirchì vinniru autri genti
si parteru addulurati
affruntati veramenti;
San Giuseppi assai chiancennu
cussì affrittu ia dicennu:

8. Dunca fini m'è nicatu
chistu miseru risettu?
o Giuseppi sfurtunatu
'sta disgrazia mai s'ha lettu,
spusa mia, cara signura
e 'sta notti unni vi scura?

9. Sù quattr'uri di la notti
già nui semu rifutati,
aju fattu quantu potti
spusa mia, pacenza aviti
nun mi voli nuddu ancora
jamuninni dunca fora.

Sixth Day

1. They arrived somewhat weary
After traveling so long
When they entered the strange city
Were exhausted and concerned
If for them you hold affection
Make them welcome in your hearts.

2. They walked aimlessly through
   the streets
Never finding a welcome home
People all denied them shelter
That in charity they sought
They were shunned by everyone
And chased out as lowly beggars.

3. After walking for so long
Without finding a place to stay
They registered their names
And paid the tribute to the king
Then continued their search
For a place to spend the night.

4. They searched without success
By vile people were rejected
While Saint Saint Joseph in his heart
Was unable to find peace
And repeated as he was weeping
Oh my love, what can I do?

5. As he cried he now remembered
That outside there was a site
He proceeded in that direction
With dear Mary his loving spouse
But frustrated he remained
For a room couldn't be obtained.

6. Only a stable they found free
And though Joseph was not content
There he settled immediately
With Mary tired and losing strength
In the dark, tired and troubled
They lay down for the night.

7. A new crowd had arrived
So they were quickly evicted
In deep sorrow they departed
And they truly felt offended
While Saint Joseph was still crying
So downhearted he was saying:

8. In the end I was denied
To secure a place to rest
Poor Joseph so out of luck
Such a tragedy is unheard
O my spouse and my dear lady
Where are we to spend the night?

9. It is already very late
And by all we were rejected
Everywhere we have been knocking
My spouse, you must have patience
As nobody wants to help
Outdoor we sleep tonight.

Settimu Jornu

1. Fora dunca la citati
riflittennu chi sapia
una grutta ddi cuntrati
cussi dicilu a Maria:
cca vicina c'è na grutta
benchi vili e aperta tutta.

2. Si vuliti pirnuttari
'nta sta grutta vi ci portu
nun vi pozzu, spusa, dari
autru ajutu, autru cunfortu
Maria allura ubbidienti
mustra d'essiri cuntenti.

3. Cussi 'nsemi s'avviaru
pi dda parti, a pocu a pocu
già la grutta ritruvaru
ma assai poveru è lu focu,
e cu tuttu allegri stannu,
sempri a Diu ringraziannu.

4. Tutti dd'Angeli biati
chi pi via l'accumpagnaru
cu splinduri inusitati
chidda grutta circunnaru,
S. Giuseppi li vidia
e vidennuli gudia.

5. Oh, pensati ch'alligrizza
di ddi santi amati spusi
chi gudennu 'sta biddizza
sunnu allegri e gluriusi
doppu aviri tanti stenti
a sta vista sù cuntenti.

6. A 'stu lumi gluriusu
risplindia la gran Signura
comu un suli maistusu
chi v'infiamma e v'innamura
e Giuseppi cunsulatu
resta allegru e infiammatu.

7. Cussi ardennu in duci focu
San Giuseppi cu Maria
canusceru ch'addu locu
Gesù nasciri duvia
e 'ntra lacrimi d'affettu
criscia focu a lu su pettu.

8. Ma vidennu poi Maria
ch'assai lorda era la grutta
comu matri amanti e pia
nun la pò vidiri brutta,
e na scupa dda truvannu
cu umiltà la jia scupannu.

9. St'umiltà in riguardari
di Maria lu spusu amatu
cuminciò puru a scupari,
ma di l'anjuli è aiutatu
e 'ntra nenti chidda grutta
resta bedda e netta tutta.

The Seventh Day

1. He remembered on reflection
That outside the city walls
There was a cave not far away
So he said to his spouse Mary
Nearby there is a cave
Though too open and unclean.

2. If you want to spend the night
I will take you to that cave
My dear wife I cannot offer
Other comforts and other help
Mary always so obedient
Shows that she is quite content.

3. So together they departed
For the cave at a slow pace
Soon the cave they located
But the fire was nearly out
Still they joyful remained
Thanking God for what they gained.

4. And the angels ever blessed
Who had joined them on the way
With such splendor seldom seen
They surrounded the old cave
Joseph saw their shining light
And rejoiced at the glorious sight.

5. Oh, you ponder on the joy
Of this couple loved and holy
Who this beauty did enjoy
Are so glorious and so jolly
After many tribulations
They are happy at this sight.

6. At the light so brightly gleaming
The great lady was resplendent
As a sun so nobly shining
That your heart with love inflames
And Saint Joseph watched it all
At that sight he did rejoice.

7. Fervent in this fire so sweet
Dear Saint Joseph and blessed Mary
Realized that in that place
Baby Jesus would be born
And with tears of great affection
Their heart grew in exultation.

8. When the blessed lady observed
That the cave was so unclean
As a pious and loving mother
Thought that ugliness would
      demean
An old broom she did retrieve
With humility the cave she cleaned.

9. Watching Mary's modesty
Of our lady the spouse beloved
Cleaning started immediately
And the angels help provided
And in very little time
The cave was cleansed of the grime.

Ottavu Jornu

1. Poi chi già purificatu
San Giuseppi chistu locu
cu l'accenni chi purtau
jetta luci e adduma focu
e poi dici: arricriativi
spusa mia, via scardativi.

2. S'issittaru tutti i dui
'nterra e 'ncostu di lu focu,
e nun putennu stari cchiui
si cibaru qualchi pocu
ma cun gran divuzioni
fa la sua culazioni.

3. Pi ubbidiri a lu so spusu
Maria Santa si cibbau
ch'autru cibu cchiù gustusu
da se stissa priparatu
e pinzannu sempri stà
a lu partu chi farà.

4. Già finuti di mangiari
a Diu grazii rinderu
e in dulcissimu parlari
tutti i dui si trattineru
discuterunu un pocu promu
di l'amuri d'un Diu omu.

5. O pinsati chi paroli
tinnirissimi dicianu
s'infiammarunu lu cori
quantu cchiù nni discurrianu
ammiravunu cu firvuri
di Gesù lu summu amuri.

6. Canuscennu poi Maria
junta già l'ura filici
chi Diu nasciri duvia
a la spusa così dicia:
troppu è notti, ritirativi
va durmiti e ripusativi.

7. San Giuseppi a la Signura
chi durmissi la prigau
cci addubbau la mangiatura
cu li robbi chi purtau;
si ritira poi a n'agnuni
di ddu poviru gruttuni.

8. Ma Giuseppi non durmiu
e cun gran divuzioni
'nginucchiuni umili e piu
misi a fari orazioni;
ed è in estasi elevatu
a Gesù poi vitti natu.

9. Mancu dormi, no, Maria
ma di Diu chiamata allura
'nfervurata, pronta e pia
s'inginocchia, l'ama e adura,
o gran spusi furtunati
pi mia misira prigati.

The Eighth Day

1. After Joseph with Mary blessed
This old cave had made so clean
With the matches he possessed
The wood pile he then ignited
And to Mary said: come near
Get warmed up oh spouse so dear.

2. They sat down the two of them
On the floor and near the fire
As their hunger could not restrain
They had something to eat
And with devotion very great
Their breakfast they now ate.

3. To obey her spouse's command
Of the meal Mary did partake
With some more delicious food
That she earlier had prepared
But she was always thinking
Of the child she would deliver.

4. After they had finished eating
They gave thanks to the Lord
With sweet words and expressions
Each other they entertained
All along they did debate
God's love who man was made.

5. Think about those sweetest words
That so tender they both spoke
With great love their hearts inflamed
As they continued to converse
And with great fervor admired
The love that Jesus gave to all.

6. Mary now was well aware
That the happy time was there
When God's birth was drawing near
Joseph to his wife declared
It's too late, you should be in bed
Go to sleep and have a rest.

7. Saint Joseph to his dear lady
That she sleep he recommended
So the manger he made ready
With the material they had mended
Then in a corner rest he gave
To his body in that dark cave.

8. Joseph could not fall asleep
But with love and with devotion
Kneeling in pious modesty
Began to pray in adoration
And in ecstasy was lifted
When baby Jesus he beheld.

9. Mary also no sleeping gained
Then received God's intimation
Feverish, ready and pious remained
Kneeling in love and adoration
Oh you fortunate a pair
In my misery pray for me.

Nonu Jornu

1. Misa già in orazioni
la gran Virgini Maria
cu 'na gran divuzioni
a Gesù pinsannu jia,
e pinsava chi a lu friddu
nasciri Diu picciriddu.

2. Comu mai, dici chiancennu
lu gran Diu di maistà
di li re in re trimannu
'ntra lu friddu nascirà?
lu Signuri di lu celu
comu nasci 'ntra lu jelu?

3. O miu Diu di gran ricchizza
comu nasci puvireddu?
Sarà veru, mia biddizza
chi ti viu 'ngrituteddu?
chi di friddu trema e mori
nun abbasta, no, lu cori.

4. Si di nasciri cunveni
pirchì nun nasci 'ntra palazzi?
pirchì tu nun ti 'nni veni
cu gran pompi, cu gran sfrazzi?
lu to summu e granni amuri
ti fa nasciri in duluri.

5. Via ch'è tardi figghiu miu
prestu, prestu nesci fora;
quannu nasci e quannu o Diu?
rendi saziu 'stu cori!
'nta stu ventri , o Diu chi fai?
quannu, quannu nascirai?

6. Quannu, o quannu, nascirai?
quannu 'st'ura viniria?
quannu tu consulirai
l'infilici umanità
quannu, o beni miu dilettu
t'aiu a stringiri a lu pettu?

7. 'Ntra 'st'affecti e 'ntra 'st'amuri
la gran Virgini biata
tutta focu e tutta arduri
fu in estasi elevata
e gudendu lu so Diu
a Gesuzzu parturiu.

8. Natu già lu gran Missia
misi a chianciri e 'ngusciari
e la Vergine Maria
misi ancora a lacrimari,
lu pigghiau cu summu affettu
e lu strinsi a lu so pettu.

9. San Giuseppi si rispigghia
già di l'estasi profunni
e cu duci meravigghia
si stupisci e si cunfunni
curri prestu spavintatu
e a Gesuzzu vidi natu.

10. O pinsati chi cuntenti
chi grannissima alligrizza
si scurdau di lu so stentu
pi la summa cuntintizza
e cu tantu so piaciri
accussi si misi a diri:

11. Chi furtuna fu la mia
ch'onuri appi iu
d'adurari cu Maria

12. Oh chi figghiu aviti fattu
Oh chi bedda criatura!
quantu è beddu, vaghu e intattu!

Ninth Day

1. Ready now for her oration
Virgin Mary ever blessed
With unbounded devotion
Her thoughts to Jesus now addressed
Thinking that in a cold night
Our God-child would be born.

2. How come she questioned
          weeping
My Lord God of all domains
Whom the kings trembling fear
Will be born in a cold cave?
God and Lord of heavenly grace
Will be born in a freezing place.

3. O my God with wealth endowed
Why are you born in poverty?
Is it true my own beloved
That so quivering I now see
Should you of cold and shiver die
My heart in shatters would cry.

4. If your birth is necessary
Why aren't you in a palace born?
Why aren't you approaching
With pomposity and glory?
In your unbounded love for us
A lowly birth you endured.

5. Son, your birth is getting near
Quick, come out and don't be late
When will you come, oh when my Lord?
So my heart you will satiate
In my womb why do you linger
When oh when will you be born?

6. When oh when will you be born
When is the hour going to be
When will you give consolation
To this unhappy humanity?
When will your head have rest
On your mother's loving breast?

7. Filled with love and great affection
Virgin Mary ever blessed
Full of ardor and devotion
In a rapture was uplifted
And rejoicing for her God
To dear Jesus she gave birth.

8. As our Lord had just been born
Started crying as in despair
Virgin Mary was distressed
And started crying the same way
With great love she picked him up
And held him close to her chest.

9. Dear Joseph was awaken
From his deepest ecstasy
And with sweet astonishment
Stupefied he seemed to be
He ran quickly but in fright
To see baby Jesus Birth.

10. Can you fathom a joy so great
And the unbounded gaiety
All the pain he did forget
As he gained this holy bliss
And in happiness immersed
He so graciously confessed.

a 'stu locu lu miu Diu
Matri Santa, o mia Signura
io vi fazzu la bon'ura.

13. O ch'ucchiuzzi spiritusi
chi linguzza incarnatedda
veramenti beddu siti
la pirsuna è tutta bedda;
tu si beddu, figghiu miu
ma cchiù beddu chi si Diu.

la facci m'innamura;
chi su amabili 'sti cigghia
a la matri cci assumigghia.

Lu Gran Bannu

1. Quannu Cesari urdinau
lu gran bannu rigurusu
'nta dda chiazza si truvaru
Maria Virgini e u so spusu.

2. S. Giuseppi pinsirusu
si vutau tuttu cunfusu
comu fazzu pi Maria
la me cara e Santa spusa

3. E da casa sinni jutu
comu un passuru assulutu
picchì Cesari ha urdinatu
ognunu pagassi lu so tributu.

4. E Maria ci rispunniu
onuratu spusu miu
fazzu a Diu la vuluntati
unni a mia mi purtati.

5. Si parteru tutti i dui
Betlemmi a la campia
senza ritardari chiui
S. Giuseppe cu Maria.

6. La suprima 'mpiratrici
pi la strada ci dicia:
tegnu a menti cu mi fici
e chi è sempre cu mia.

7. Ma la virgini sapia
chi fasciaggi ci vurria
non haiu fasci ne fasciaturi
pi fasciari lu Ridinturi.

8. San Giuseppi a Maria:
non timiri spusa mia
dda ci su li me parenti
mi farannu comprimenti.

11. Oh what luck on me befell
What an honor I received
With Mary giving adoration
To my God in this location
Holy mother, lady blessed
To you my greetings are addressed.

13. How spirited are your eyes
How enchanting is your mouth
You are a real celestial beauty
The whole person is attractive
You are beautiful my son
But more importantly you are God.

12. What a child you have delivered
What a beautiful creation
What a lovely and healthy son
One can hardly fail to love
His eyelashes are perfection
Of his mother is the reflection.

The Great Decree

1. When the emperor proclaimed
That momentous new decree
In the square happened to be
Dear Saint Joseph and his spouse.

2. Then Saint Joseph in deep thought
Pondered in bewilderment
With my spouse in this condition
What can I do for Mary
My dear and holy spouse?

3. From our home we must depart
As two sparrows lonely and lost
Emperor Caesar did impart
Of his tribute we pay the cost.

4. In reply did Mary say:
Spouse I honor and obey.
God's will I always do
Wherever I am with you.

5. And they started on their journey
To Bethlehem through open fields
They left without delay
Dear Saint Joseph and virgin Mary.

6. Of the heavens the queen supreme
On the road her spouse addressed
My creator I keep in mind
Who dwells always in me.

7. Virgin Mary was aware
That she needed cloth for birthing
But no clothing she possessed
The redeemer to enfold.

8. Then Saint Joseph said to Mary
My dear spouse don't despair
There I have many a kin
Who will help generously.

9. Li parenti s'affacciaru
e li vittunu 'npuvirtati,
chi vuliti ci spiaru
chi la porta trucculiati?

11. E li 'ngrati e scunuscenti
ci dicivunu a tutti i dui
n'avemu amici e ne parenti
quannu mai vittimu a vui?

13. 'Nta nu funnucu arrivaru
e puru dda i rifiutaru
tutti l'autri passiggeri
tutti ebburu rigettu.

15. A menzanotti parturiu
a lu friddu e a la ilata,
e dda 'nterra avia nasciri
lu Re di maiestati?

17. Ai pasturi ci comunicaru
ch'era natu lu Misia
tutti annavunu a vidirlu
'nta li brazza di Maria.

19. Ti nni penti o piccaturi
ti li toi annichilati
lu bamminu è tutt'amuri
e pirduna i to piccati.

10. San Giuseppi cu umiltati
nui cca semu vinuti
quannu ddocu ni rigittati
semu privi d'ogni aiuti.

12. San Giuseppi nun nni putia
girannu la cittati
e chianciunu tutti i dui
pi li cori tantu 'ngrati.

14. Na capanna i riparau
a lu friddu e a lu scuvertu
San Giuseppi cu Maria
senza aviri nuddu rigettu.

16. Tanti Spiriti divini
di lu celu si calaru
e cu sonira e concirtati
la gloria ci cantaru.

18. E Maria ci dissi a ognunu
vi ringraziu pi l'affettu
vi ringraziu pi lu vostru donu
è me figghiu, cori dilettu.

9. Their relatives looked down
And they saw that they were poor
What is it that you request
As you are knocking on our door?

11. And those relatives so heartless
To the two of them replied
We have no friends or relatives
None of you we have never seen.

13. They had finally found an inn
But from there they were rejected
Though every other pilgrim
Without trouble a place obtained.

15. At midnight Mary gave birth
In that foul and chilly wheather
On an earthen floor was born
The king of kings on earth.

17. To the shepherds they made known
The Messiah's lowly birth
They all went to see him blest
In virgin Mary's loving chest.

19. Sinful men you must repent
Of your sinful way of life
For the baby is made of love
And your sins he will forgive.

10. And Saint Joseph in humbleness
We seek help, he did confess
If rejection we receive
We are left without support.

12. Dear Saint Joseph was in despair
As he wandered through the city
And they wept the two dear spouses
For their kin's ungrateful heart.

14. An old shed for shelter found
From the cold and biting wind
Mary and Joseph in that location
Found abode but had no rest.

16. Countless angels all divine
From the heavens came down
And with music in concert
To his glory they all sang.

18. Mary everyone addressed
And all thanked for their affection
She gave thanks for their gifts
That's my son, my heart's content.

S. Giuseppi 'ntra la Chiazza

1. San Giuseppi 'ntra la chiazza
era misu rispittusu
e sintiu pubblicari
du gran bannu rivilusu;
a Betlemmi iavia iri
e a Maria s'avia purtari.

2. Sinni iu a la casa
e si misi a raccuntari:
ora, sai spusa mia
ch'aiu 'ntisu pubblicari
chi a Betlemmi iama annari
e a tia m'aia purtari.

3. 'Nta li vertuli mintiu
quattru pisci e quattru pani
e si misiru in camminu
pi li munti e pi li chiani
pi la strada ia dicennu:
comu fazzu cu Maria?

4. Ma dda ci sunnu tanti amici
dda ci sunnu i me parenti
pi vidirni su filici
pi 'ncuntrarni su cuntenti
fa curaggiu spusa mia
semu quasi gia' arrivati.

5. Arrivannu a Betlemmi
tutti i porti tuppiaru
cu si fingi chi non senti
cu li manna pruntamenti
ogni porta a iddi è chiusa
oh chi notti dulurusa.

6. 'Na lucanna ci insignaru
sdurrupata a la campia
e ddaintra s'alluggiaru
S. Giuseppi cu Maria.

7. Quannu foru li setturi
chi nasciu lu Missia
l'aduraru tri pasturi
e Giuseppi cu Maria
e ognunu chi lu vardava
subitu d'iddu s'innamurava.

8. S. Giuseppi ci dicia:
figghiu miu quantu si beddu
na facciuzza d'un pumiddu
la vuccuzza di n'aneddu;
e ognunu chi vinia
adurava lu Gran Missia.

Saint Joseph in the Square

1. Saint Joseph through the city square
With politeness was passing
When he heard the publication
Of that infamous decree
He must go to Bethlehem
And his spouse must take along.

2. He went home immediately
And to Mary he did reveal:
Dear spouse I cannot conceal
that I heard this new decree
I must go to Bethlehem
And you have to come with me.

3. He then loaded two large bags
With four fishes and four loaves
And the journey they began
Through the hills and the dales
And he repeated all along
How can I take care of Mary?

4. There of friends I have a score
And of relatives even more
Seeing us they will rejoice
Meeting us they'll be content
Oh my spouse, you must take heart
As we approach our destination.

5. When in Bethlehem they arrived
To all doors they went a knocking
By some people they were ignored
And by others straight rejected
Every door to them was closed
What a dreadful night it was.

6. To an inn they were directed
Half destroyed in the open field
and in that place had their rest
Dear Saint Joseph and Mary blest.

7. As approaching was the night
Our Messiah there was born
By three shepherds was adored
And by Joseph and by Mary
Everyone who saw the baby
Fell in love immediately.

8. And Saint Joseph said to him
My son, how beautiful you are
As an apple is smooth your face
and your mouth looks like a ring
And everyone that came to visit
Admired the great Messiah.

Nuttata di Friddu e di jelu

1. Oh chi nuttata di friddu e di jelu
di nivi sunnu cuperti li munti
lu bammineddu 'aspetta du celu
e si fa festa 'nta tutti li canti.

2. Parati tutti sunnu l'artareddi
'lluminati di luci e di stiddi
sunati friscaletti e ciarameddi
cantati genti ranni e picciridddi.

Vecchiu Prisepiu

1. Ricordu lu prisepiu casalinu
ca mi facia me patri bon'armuzza
la grutta e 'ntra la pagghia lu Bamminu
cu San Giuseppi e cu la Madunnuzza.

2. Lu puzzu, casi janchi, lu mulinu
li picureddi tra la virdi irbuzza
lu spavintatu, 'n centru, l'arrutinu
lu pecuraru cu la sò casuzza.

3. E sfaiddanti 'na stidda cumeta
supra la grutta fatta di cartuni
a li tri maggi signava la meta.

4. Mentr'ia incantatu guardava sunannu
angili e celi, nuvoli e canzuni
comu fazzu accamora, ricurdannu.

The Cold and Frosty Night

1. Oh what a chilly and frosty night
The hills with snow have become bright
For baby Jesus from heaven here we wait
We sing and chant his coming to entreat.

2. The altars have already been prepared
By the glitter of the stars they have been flared
Whistles and bagpipes give out your sound
Folks, rich or poor, your songs abound.

The Old Manger

1. I recollect the old manger at Christmas fest
built by my father, his soul in peace may rest,
the grotto, the straw and the baby poorly dressed
attended by Saint Joseph and Mary blest,

2. The well, the gleaming houses, the grist mill,
the sheep that grazed the grass over the hill,
a frightened man, at center, a blacksmith on the right,
a shepherd standing, with his old shack in sight.

3. A comet, resplendent brightly like a star
over the cardboard fashioned into a cave,
guided the adoring kings from afar.

4. And I, enchanted, watching stood, as I was playing,
sweet angels, shining stars, clouds and songs;
I still do now, the old manger my memory recalling.

B. Natali
Nuvena di Natali

1. A la notti di Natali
chi nasciu l'Unniputenti
passioni naturali
cu tri stiddi stralucenti.

2. D'ogni 'mperiu calaru
ci purtaru lu strumentu
ch'era natu lu Missia
'nta li brazza di Maria.

3. Li pasturi annunciaru
a vinuta du Missia
tutti annaru e lu aduraru
'nta li brazza di Maria.

4. Chi Maria ci dissi ognunu
v'arringraziu pi l'affettu
ci purtastu li so doni
a me figghiu miu dilettu.

5. San Giuseppi povirittu
ciancia d'alligrizza
a lu so divinu affettu
chi vardava la rannizza.

6. E la ninna ci cantava
a lu beddu figghiu so,
si tinia 'nta la bascizza
dormi Gesù e fai la ooò.

7. Santi Spiriti divini
puttati 'sti duci canti,
Cherubini e Serafini
cunsulari a nui vuliti
chi Gesù voli durmiri.

8. Figghiu saggiu, sapuritu
ti lamenti, fossi è sonnu,
'nta stu pettu di cumbitu
l'occhi chiudiri si vonnu.

9. Mentri fai lu rinfuliddu
graziusu picciriddu,
si tu dormi iò t'arrisbigghiu
dormi Gesù patri e figghiu.

10. Mi purtaru na camicedda
e la vogghiu riccamari
si tu voi chi ti la speddu
cerca, figghiu, un pocu ripusari.

11. Lu lavuru è capricciusu
iò ti fazzu lu lavuru
dormi Gesù un paru d'uri
dormi Gesù graziusu.

12. Sacratissima Signura
sugnu un poviru picuraru
N'aju nenti chi purtari
aju purtatu 'nta la cisca
cacicavaddu e tuma frisca.

13. Picchì accetta a la matri pia
nui cca semu a la campia
ci l'appristenta a lu me Signuri
ca su un poviru pasturi.

14. Sacratissima Signura
sugnu un poviru urtulanu
n'aju nenti di purtari
purtai un mazzu di carduni.

B. Christmas
Christmas Novena

1. On the night of Christmas Eve
When the Almighty was born
Natural forces were revived
With the three resplendent stars.

2. And all celestial bodies
The good tidings did proclaim
The Messiah's virgin birth
In the arms of blessed Mary.

3. And the shepherds did announce
The Messiah's holy birth
And they offered adoration
As he lay in Mary's arms.

4. Mary said to one and all
I thank you for your affection
For the gifts you have delivered
For my own beloved son.

5. And Saint Joseph so dear
Out of joy shed a tear
Of his son love divine
In its greatness admired.

6. To him sang a lullaby
To his son who reigns on high
And to him he stayed so close
Sleep dear Jesus, have repose.

7. Holy spirits all divine
With sweet carols entertain
Cherubim and Seraphim
Consolation to us bring
As baby Jesus wants to sleep.

8. Blest in wisdom and in beauty
Son, you are sobbing, must be sleepy
In my breast you find repose
As your eyes want to close.

9. While a restful nap you take
Oh my gracious little child
I'll awake you if you sleep
Sleep Jesus son and father.

10. They brought a small garment
To embroider is my intent
If the task I must complete
Some repose you must entreat.

11. This endeavour is not easy
But I will do it all the same
Sleep Jesus for a while
Have a nap oh gracious son.

12. Holy Lady ever blest
A poor shepherd you behold
I have nothing to donate
In this pouch I have brought
Cheese that has been freshly made.

13. To my entreat, pious mother yield
As we are in the open field
From a poor shepherd's heart
To the Lord this gift is offered.

14. Holy Lady ever blest
A poor gardener you behold
I have nothing to donate
Of cardoons a bunch I give.

15. L'apprisentu a lu me Signuri
ca su un poviru urtulanu
cca 'ccetta la matri pia
nu cca semu a la campia.

17. L'apprisentu a lu me Signuri
ca su un poviru pasturi
cca accetta la matri pia
nu ca semu a la campia.

19. L'apprisentu a lu Signuri
chi su un poviru mulinaru
cca 'ccetta a la matri pia
nu cca semu a la campia.

21. L'apprisentu a lu Signuri
chi su un poviru furnaru
cca 'ccetta a la matri pia
nu ca semu a la campia.

23. Aju purtatu li cupirturi
pi 'nfasciari a lu Signuri
cca 'ccetta a la matri pia
nu cca semu a la campia.

25. E pi darici cchiu alligrizza
ci purtai nu lepri e na marbizza,
cca 'ccetta la matri pia
nu ca semu a la campia.

27. O Maria di 'sta capanna
pi cuverta d'ogni locu
c'esti un friddu chi si affama
n'aju ligna e mancu focu.

29. Figghiu miu, lu beddu nomu
lu me cori s'allegra e scianna
picciriddu e Diu fatt'omu
veni 'mbrazza di to mamma

16. Sacratissima Signura
sugnu un poviru pecuraru
n'aju nenti chi purtarici
ci purtai 'na picuredda.

18. Sacratissima Signura
sugnu un poviru mulinaru
n'aju autru chi purtari
cci purtai na vastedda.

20. Sacratissima Signura
sugnu un poviru furnaru
n'aju autru chi purtari
cci purtai na cuddura.

22. Sacratissima Signura
su na povira lavannara
N'aju nenti chi purtari
aju purtati l'infasciagghi
pi 'nfasciarici a cu nasci.

24. Sacratissima Signura
sugnu un poviru cacciaturi
e na bona caccia fici
nu cunigghiu e 'na pirnici.

26. Sacratissima Signura
sugnu un poviru lignaloru
portu ligna di ristoru
ma chi fussiru ligna d'oru.

28. Ora veni la matruzza
pi circari quarchi broscu
io li cercu e ti quaddiu
dormi Gesù, figghiu miu.

30. Figghiu miu, mentri addatti
pari a mia chi t'addurmenti
binidittu sia lu latti
chi t'arrenni e ti nutrisci

15. To my Lord it is presented
By a gardener poor and lowly
To my entreat, pious mother yield
As we are in the open field.

17. To my Lord it is presented
By a shepherd poor and lowly
To my entreat, pious mother yield
As we are in the open field.

19. To my Lord it is presented
By a poor grist mill worker
To my entreat, pious mother yield
As we are in the open field.

21. To my Lord it is presented
By a baker poor and lowly
To my entreat, pious mother yield
As we are in the open field.

23. I have also brought some spreads
So our Lord can be well covered
To my entreat, pious mother yield
As we are in the open field.

25. And to bring even greater joy
I offer a partridge and a dove
To my entreat, pious mother yield
As we are in the open field.

27. Oh Mary in this hut you abide
Which is open on every side
With this cold it's hard to breathe
There is no wood and there is no fire.

29. When your lovely name I hear
My heart rejoices oh dear
Little child and God made man
in your mother's arms repose

16. Holy Lady ever blest
A poor shepherd you behold
I have nothing to donate
But this lamb so delicate.

18. Holy Lady ever blest
I am a poor grist mill worker
I have nothing to donate
But this round loaf of bread.

20. Holy Lady ever blest
A poor baker you behold
I have nothing I could bring
But this bread made in a ring.

22. Holy Lady ever blest
A poor laundress you behold
I have nothing to donate
Clothing pieces I can bring
To swaddle our newborn king.

24. Holy Lady ever blest
A poor hunter you behold
From my hunt I had good fare
I bring a rabbit and a hare.

26. Holy lady ever blest
A poor wood worker you behold
I bring wood for the fire
That would be golden I desire.

28. Son, your mother will depart
To go in search of some dry wood
You will be warmed by the flame
Sleep little Jesus, my dear son.

30. Oh my son while you suckle
You are falling into sleep
Blest this milk and its content
that gives you calm nourishment

chi iò la ninna ti farò
dormi Gesù e fai la ooò.

31. Figghiu miu lu patri veni
porta fica e nucidduzzi
porta cosi i picciriddi
puma mennuli e nuciddi.
a la bon'ura sia natu.

33. Sacratissima Signura
sugnu un poviru cantaturi
di ballari iò non m'avantu
na canzuna io ci la cantu.

35. A la notti di natali
fannu festa li parrini
caracolli e jiditali
nni manciunu senza fini.

mentri io la ninna ti cantu
dormi Gesù figghiu Santu.

32. Sacratissima Signura
su vinutu di lu pagghiaru
tuttu stancu e affannatu
ci dicia: matri di Diu

34. E va intra lu me pagghiaru
chi dda frauti 'naju un paru
e pi Diu sunamu un'ura
mi s'allegri 'sta gran Signura.

36. Cantamu e ludamu
ludamu e cantamu
cantamu e ludamu
evviva bon Gesù.

La Notti Disiata

1. La notti disiata
chi nasciu lu verbu eternu
cu la visita so sagrata
timpirau lu friddu 'nvernu,
e la terra pi stupiri
fici frutti, fogghi e sciuri.

3. Li crapuzzi e picureddi
crapiavunu susu e jusu,
fistiggiavunu l'aceddi
cu lu cantu armuniusu
comu avissiru parratu
di bon'ura cu era natu.

5. Li pasturi fattu chistu
cu zampugni e ciarameddi
in prisenza di lu Cristu
cuncirtavunu vuci beddi,
aduravunu a lu Misia
a Giuseppi e a Maria.

2. Comu Diu si visti natu
'nta la rutta a la campia
fu di l'anciulu aduratu
cu angelica armonia;
e cantavunu 'n so mimoria
viva Diu e la so gloria.

4. Li pasturi spavintati
ch'a sett'uri ci ajurnau
cun gran fidi e caritati
cursi ognunu e l'aduraru
natu 'nterra lu truvaru
e di Diu s'innamuraru.

6. Aduramu a Diu bambinu
a Giuseppi e a Maria
e si misuru 'n caminu
pi li mannini e la campia,
pricurannu alligramenti
di purtarici lu prisenti.

while a lullaby I chant
Sleep oh Jesus, son so holy.

31. Dear son, your dad is coming
Nuts and figs he brings along
It's all children fare he brings
Apples, almonds and hazelnuts.

33. Holy Lady ever blest
A poor singer you behold
That I am a dancer cannot boast
But a song to him I'll sing.

35. On the night of Christmas Eve
All the priests go celebrating
With delicacies a-plenty
Their stomach won't be empty.

I will sing you a lullaby
Sleep dear Jesus and don't cry.

32. Holy Lady ever blest
I just came from my shack
Exhausted and nearly breathless
And he said: mother of God
In good time he was born.

34. To my hut I'll now proceed
Where I have a pair of whistles
For the Lord I'll play an hour
So our great Lady can rejoice.

36. We all chant and praises bring
We all praise and we all chant
We all chant and praises bring
To dear Jesus, our own King.

The Night of Our Heart's Desire

1. On the night of our heart's desire
When the eternal Word appeared
With his sacred visitation
The cold winter mitigated
And the ground for us to wonder
Gave out leaves, blooms and fruit.

3. Kids and lambs without restraint
Up and down the hills they went
The birds sang in abandonment
With the most harmonious chant
As if making a proclamation
Of Jesus' birth in adoration.

5. When they finished their adoration
Their bagpipes they made ready
In the presence of the Christ
In a concerts songs they sang
To the Messiah love professed
And to Joseph and Mary blest.

2. As on earth our God was born
In a cave in the open field
By the angels was adored
With celestial harmony;
And they sang in adoration
Praise to God and to his glory.

4. And the shepherds in a fright
When so early saw daylight
With great faith and with affection
Ran to him for adoration
They found him on the floor
And fell in love for evermore.

6. The God child they venerated
Son of Joseph and virgin Mary
Then they started on their journey
Through and over the open field
Searching for in merriment
Gifts to him they could present.

7. Un pasturi puvireddu
chi non appi chi purtari
fici un bonu mazzuneddu
di finocchi e di carduni,
lacrimannu l'affirtiu:
'n' hai autru, amatu Diu.

9. Pò jiu n'autru picuraru
cu 'na pecura scannata
ci dicia: Bamminu caru
s'a to grazia haju ricivutu
iò 'na pecura ti portu:
'n haju autru pi cunfortu.

11. E lu poviru lignaloru
jiu e ci dissi: Maria digna
pi stu figghiu spinnu e moru
n'haju autri busci e ligna
cu stu tempu ch'ajunciu
fazzu vampi e v'arrichiu.

13. E lu poviru cacciaturi
'ntra la rutta fici festa
e ci dissi: o mia Signura
chistu è tempu di timpesta
quattru aceddi vi purtai
e un cunigghiu bonu assai.

15. Lu furnaru cu alligrizza
trasi e dici: Diu mannatu
mentri si 'nta 'sta bascizza
t'offirisciu un bucciddatu
ringraziannuti, o Signuri
chi nascisti pi miu amuri.

17. Beniaminu arrispunniu
vaju a viju a lu pagghiaru
supra dda, a lu jazzu miu
ciarameddi ci 'nè un paru
mi li pigghiu e sonu un'ura
p'alligrari 'sta gran Signura.

8. Prima jiu lu picuraru
e ci dissi: Maria digna
a tia, Virgini sacrata
pi adurari lu patruni
ti purtai un rigaleddu
'na ricotta e un tumazzeddu.

10. E pò jiu lu curatulu
e ci dicia: gran Signura
mi cunsolu e mi congratulu
di sta bedda creatura,
pi prisenti iò vi fazzu
'na ricotta e un tumazzu.

12. E lu poviru zammaturi
trasi e dici sti palora:
Matri Santa e figghiu caru
cumpatisci, ca su di fora
portu latti 'ntra 'na cisca
cascavaddu e tuma frisca.

14. Cu saluti, a la bon'ura
chi nasciu lu Ridinturi;
Sacratissima Signura
dissi n'autru cacciaturi
pi la mamma e pi lu figghiu
portu un lepri e un cunigghiu.

16. E la povira viddanedda
chi vinia di li muntagni
ci porta 'na cufinedda
di nuciddi e di castagni
porta cosi di picciriddi
puma, mennuli e nuciddi.

18. La purissima Maria
binidiciu a li pasturi:
Ralligrativi, ci dicia
chi ma figghiu è tuttu amuri;
sti alligrizzi in mia memoria
vi li renni a la me gloria.

7. Then a poor shepherd came
Who had nothing to donate
So he gathered a nice bundle
Of wild fennel and cardoons
Weeping offered his poor gift
Nothing else I have my God.

9. A third shepherd then appeared
With a sheep already butchered
And he said: oh dear child
If your favour I have received
This young sheep to you I offer
Nothing else I have for comfort.

11. A poor woodman came along
Saying: oh my dear and noble lady
For your son who is so beloved
Twigs and firewood I bring
As I am now by your side
I start the fire and heat provide.

13. A poor hunter then came by
And in the cave he rejoiced
And the blessed lady addressed
We are having a fierce tempest
Four birds I have brought for you
And a rabbit good indeed.

15. And the baker in merriment
Came and said: God to us sent
While abiding in a lowly state
To you these sweets I donate
With my thanks to you oh Lord
Who on earth for love was born.

17. And Benjamin did interject
I will travel to my old shack
In the corner over the chair
of bagpipes I have a pair
I will fetch them and will play
For the Lady's joy today.

8. Another herdsman did approach
And said: my dear and noble Mary
Sacred virgin without blame
To adore the Lord I came
This small gift I now donate
It's ricotta freshly made.

10. Then the shepherd leader arrived
Saying: my great and blessed Lady
I rejoice and praises give
for a son so good and pretty
As a present to you I bring
Some ricotta and some fresh cheese.

12. A cheese maker then came near
Showed his presence and asserted
Blessed mother and son so dear
Pardon me for I am a stranger
in this pouch some milk I bring
And fresh cheese of different kinds.

14. In good health and in good time
The redeemer saw the light
Holy lady ever blest
A poor hunter his love professed
For the mother and for the son
I bring a rabbit and a hare.

16. Then a poor country maiden
From the hills came down so laden
A small basket she presented
Filled with filberts and chestnuts
It was full of children fare
Apples, almonds and hazelnuts.

18. Blessed Mary virgin and pure
To all shepherds blessings gave
Then she said: jubilate
For my son of love is made
To you joy he will restore
In my glory and my honor.

Pasturi

1. Diu ti salvi, o gran Signura
cerchi ligna pi arriscardari
stidda bedda e radiusa
io su un poviru lignaloru
ora vinni di sti banni
ti purtai un fasciu grandi.

2. Sacra e Santa virginedda
io su un poviru furnaru
ti purtai na vastedda
chi non appi autru riparu
cumpatisci Matri pia
perchì semu a la campia.

3. Mi rallegru, donna magna
di to figghiu amatu e caru
benchè semu a la campagna
comu affrittu zammaturi
stu presenti ti lu fazzu
'na ricotta e un tumazzu.

4. Virginedda pura e sacra
'st'agnidduzzu ti rigalu
benchè sia superchiu magru
pirchì è statu sempri malu
ora prega lu signuri
pi stu poviru pasturi.

5. Donna Santa, vaga e pura
stu bambinu sapuritu
cu lu vidi s'innamura,
mi tiraiu di lu trappitu
ci purtai sti dui mazzuni
cannameli e zappagghiuni.

6. Cu saluti a la bon'ura
chi nasciu lu Redenturi
sacratissima Signura
comu affrittu cacciaturi
pi la matri e pi lu figghiu
portu un lipru e un cunigghiu.

7. Lu curatulu giungiu
tuttu stancu ed affannatu
ci dicia matri di Diu
in bon'ura sia natu,
purtai latti 'ntra la scisca
cacicavaddi e tuma frisca.

8. Giungiu n'autru puvireddu
e dicia non aiu nenti
pi stu caru Bammineddu
ma ci tugnu lu prisenti,
ci afferisciu in ginucchiuni
stu mazzettu di carduni.

9. Si truvau na passaggiera
chi vinia di certi parti
l'adurau cu lieta cera
e mustrau 'na gistra sparti
lassa cosi di picciriddi
tuma, mennuli e nuciddi.

10. Tri pasturi in cumpagnia
in chiddu ospitu mittiru
ci purtaru a lu Missia
meli, simula e butiru
l'affireru pi bascizza
e chiangeru d'alligrizza.

11. Beniaminu arrispundiu:
va e vidi a lu pagghiaru
supra di lu jazzu miu

12. E Manassi arrisulutu
ci dicia: vidi e scuta
pigghia lu miu frautu

Shepherds

1. My lady, may God keep you safe
As you are seeking wood for fire
Radiant star in heaven glowing
This poor woodsman now behold
I have come to this location
To make offer of this large bundle.

2. Virgin holy and ever blest
A poor baker you behold
A round loaf of bread I bring
As nothing else I hold
Mother give us your compassion
As we are in the open field.

3. Oh great lady, I do rejoice
For your son so loved and dear
As in fields I was so near
A poor shepherd in affliction
I entreat you to accept please
Some ricotta and some fresh cheese.

4. Oh young virgin, pure and holy,
This small lamb to you I give
Though we fed him to no avail
On account of being too frail
To the Lord we beg to pray
For a poor shepherd's soul.

5. Holy lady pretty and pure
You have such a gracious boy
That one is smitten at his sight
From the oil press I have come
And two bundles I have collected
Of delicious sugar cane.

6. In good health and in good time
Our redeemer saw the light
Holy lady, ever blest
A poor hunter his love professed
For the mother and for the son
I brought a rabbit and a hare.

7. The chief herdsman then arrived
He was breathless and exhausted
And God's mother he addressed
For the child his love confessed
In this pouch some milk I bring
And fresh cheese of different kind.

8. Another poor man approached
I have nothing, he confessed
For this very dear child
This gift I bring as my donation
As I kneel in adoration
This small bundle of cardoons.

9. Then a traveler came by
From a very distant place
She adored with a happy face
And a basket she donated
Different things it contained
Different nuts and cheese so fresh.

10. Three shepherds in company
In that place came to be
For the Lord they did bring
apples, butter and some wheat
They offered in humbleness
As they wept joyously.

11. Then Benjamin interjected
Go and search my old shack
In the corner over the chair

12. And Manassi said resolute
my command do not ignore
Also search for my flute

ciarameddi ci nè un paru
purtamilli, sonu un'ura
pi alligrari sta Signura.

13. Ora vaju e vi lu pigghiu
'ntrambiddui facemu festa
pi la matri e pi lu figghi,
Santu Diu non ci haiu testa
di sunari non mi vantu
na canzuni ci la cantu.

15. La purissima Maria
vi ringrazia di l'amuri;
sti paroli ci dicia,
divutissimi pasturi,
vi prumetti Maria cu allegru visu
di gudirvi un jornu in paradisu.

'ntra l'agghiuni e la trasuta
e sunamu tutti e dui
chi Maria s'allegra chiui.

14. Ci purtaru li strumenti
cuncirtaru li so canti
e ci tesuru i presenti
e cantaru tutti quanti
cun grandissimu disiu
pi la nascita di un Diu.

Prighera di Natali

1. A la notti di Natali
c'è la festa principali
parturiu 'na gran Signura
'nta na povira manciatura
a menzu 'u boi e l'asineddu
nasciu Gesuzzu Bammineddu.

3. È Maria tutta cunfusa
chi ci mancunu i fasciaturi;
ci arrispunni San Giuseppi
chi ci pensa lu Signuri.
Ripititi a secunna strofa.

5. Ni mancavunu ricchizzi
a lu Re di la natura?
e nasciu 'ntra li strapazzi
'nta na poura manciatura!
Ripititi a secunna strofa.

2. Quantu è beddu stu nomi tò
dormi Gesù e fai la vò
quantu è beddu stu nomi tò
dormi Gesù e fai la vò.

4. Ni mancavanu palazzi
a lu Re di la natura?
e nasciu 'nta li munnizzi
'nta na poura mangiatura!
Ripititi a secunna strofa.

6. Figghiu miu, sta cammisedda
ti la vogghiu ricamari
e si vò chi ti l'allestu
dammi un pocu 'i ripusari.
Ripititi a secunna strofa.

Of bagpipes I have a pair
Bring them here and I will play
For the Lady's joy today.

13. I will fetch the instrument
And we both make merriment
For the mother and the son
Dear God I don't have talent
And to play I cannot boast
But a song I can still chant.

15. Then most pure Mary blest
Giving thanks for their devotion
With these words them all addressed
To these shepherds most devout
Mary made a solemn promise
One day in heaven you will rejoice.

In the corner behind the door
So together we can play
And to Mary give more joy.

14. With their instruments in hand
They organized their own band
and their offering they made
and together carols sang
with joy and unrestrained mirth
To give honor to Jesus' birth.

Christmas Prayer

1. On the night of Christmas Eve
On this most important feast
Gave birth our great lady
In a very poor manger
Between an oxen and a donkey
Dear Jesus saw the light.

3. Mary was in consternation
For the lack of swaddling clothes
Joseph said in consolation
Our dear God our needs provides.
Repeat the second stanza.

5. Was he lacking of possession
Our king of all creation
That in poverty he was born
In a manger so forlorn?
Repeat the second stanza.

2. How lovely is your name
Dear Jesus sleep in peace
How lovely is your name
Dear Jesus sleep in peace.

4. Was there want of a great mansion
For the king of all creation
That in rags he must be born
In a manger so forlorn?
Repeat the second stanza

6. Dear son I have this shirt
To embroider is my intent
If the task I must complete
Some repose you must entreat.
Repeat the second stanza.

7. Alzu l'occhi a la marina
viju veniri du pasturi
pastureddi, unn'è ca jiti?
Vaju a viditi lu Signuri.
Ripititi a secunna strofa.

8. Sugnu un poviru vicchiareddu
'nhaiu nenti chi purtari
portu un fasciu i ligna ranni
p'assiccarici li panni.
Ripititi a secunna strofa.

9. Sugnu un poviru cacciaturi
'n'haju nenti chi purtari
portu un lepru e un cunigghiu
pi la matri e pi lu figghiu
Ripititi a secunna strofa.

10. Sugnu un poviru picuraru
'n'haju nenti chi purtari
portu latti 'nta na cisca
cascavaddi e tuma frisca.
Ripititi a secunna strofa.

11. Vi salutu bon vicchiareddu
tantu a vui, bedda Signura
vui chiaviti stu figghiu beddu
vi la fazzu la bon'ura.
Ripititi la secunna strofa.

12. Si parteru li tri rignanti
tutti i tri dill'orienti
cu 'na stidda 'n cumpagnia
vannu circannu lu veru Missia.
Ripititi a secunna strofa.

13. Lu Missia lu truvaru
'ntra li brazza di Maria
li piduzzi ci abbaciaru
li piduzzi va a bacici tu
amabili cori, bambinu Gesù.
Ripitti a secunna strofa.

Pastorale

1. Alligrativi, pastura
già ch'è natu lu Messia;
Bettlemmi a la friddura
sportu 'nbrazzu di Maria.

2. A sta nova santa e pia
li pasturi puvureddi
si parteru 'n cumpagnia
di l'affritti pagghiareddi.

3. Frauti e ciarameddi
a dda grutta si purtaru
e diversi canzuneddi
a Gesuzzu ci cantaru.

4. Arrivannu, salutaru
lu bamminu e la Signura
di stu modu ci parraru:
a Gesuzzu ci cantaru.

5. Comu! 'nta sta manciatura
lu videmu a la friddura?
rispunniu la gran Signura:
accussì voli lu Signuri.

7. Mary glanced towards the shore
And two shepherds she saw coming
Dear shepherds where are you going
We have come to see the Lord.
Repeat the second Stanza

8. I am an old and poor man
I have nothing to donate
I bring a bundle of firewood
For the baby's clothes to dry
Repeat the second stanza

9. A poor hunter came up late
I have nothing to donate
I bring a rabbit and a hare
For the mother and for her son
Repeat the second stanza.

10. A poor shepherd you behold
I have nothing I could bring
In this pouch I have some milk
And fresh cheese of different kinds.
Repeat the second stanza.

11. Dear old man I come to greet
You and your beloved Mary
And your son who is so sweet
A good morning I entreat.
Repeat the second stanza.

12. The three kings then departed
From the orient all three started
With a star to guide their way
To the Messiah they came to pray.
Repeat the second stanza.

13. The Messiah they then located
In the loving arms of Mary
At his feet they venerated
Go, his little feet caress
To dear Jesus your love profess.
Repeat the second stanza.

Pastorale

1. Shepherds sing in jubilation
That our Lord has seen the light
In Bethlehem on a cold night
In Mary's arms he finds rest.

2. These good tidings they heard
Poor shepherds as they were
And together they departed
From the straw huts they occupied.

3. With bagpipes and with flutes
To the cave the shepherds came
With their chant of many a song
Dear Jesus they made merry.

4. On arrival greeting offered
to the child and Mary blest
Then they started all to chant
For dear Jesus' merriment.

5. Why in a manger cold
The holy child we behold?
In reply did Mary say
God's will we must obey.

Nasciu u Bammineddu

1. Appena 'ntisi
chi nasciu lu Bammineddu
all'aria jittai lu cappeddu
m'arrampicai cu quattru picciddi
e ci puttai quattru nuciddi.

2. Scinni, Scinni, Bammineddu
chi nenti ti fazzu
ma si t'acchiappu, forti t'abbrazzu
ti strinciu forti 'nto me curuzzu
e tanti baciati ti tugnu a muzzu.

Natali

1. U sapisti chi succidiu?
nasciu lu Bammineddu
Re, ma puvireddu.

2. So mamma lu drummenta
a nivi cadi lenta
Giuseppi prega chianu
venunu i pasturi di luntanu.

3. I re magi arrivunu puru
a stidda li puttoi
c'è preju 'nta lu cori.

4. Sbucciaru i megghiu ciuri
nasciu lu Signuri.

Evviva Maria

1. Quannu Diu s'avia 'ncarnari
mannò all'anciulu Gabrieli
a Maria m'ha salutari
ch'è Rigina di lu celu.

2. Evviva Maria, Maria sempri
evviva e cu la criò
senza Maria sarvari non si pò.

3. A notti di natali
Faci scuru e non si vidi

4. La nutti friddusa
ci quagghia lu jelu
lu re li lu celu
si chiama Gesù.
Ripititi a secunna strofa.

Bammineddu Balla Balla

1. E nasciu lu Babbineddu
senza un filu di capiddu
comu l'angiulu ci dicia
Bammineddu, balla, balla
chi lu chianu e tuttu u toi.

2. Unni posi i to piduzzi
nasci na rama di balacicò
ciaura tu e ciaura iò
vadda ch'è bellu stu balacicò.

The Little Child Is Born

1. As soon as I did hear
That the little child was born
In the air I threw my hat
With four kids I climbed a tree
And to him I brought four nuts.

2. Come down to earth little child
I won't hurt you, baby so mild
If I catch you I'll hug you tight
And hold you close to my heart
Giving kisses lavishly.

Christmas

1. Did you hear the new event
The little child has been born
A mighty king, but indigent.

2. His mother sings a lullaby
Snow falls slowly from the sky
Joseph whispers implorations
The shepherds come for adoration.

3. The three kings from afar
Came here guided by the star
They rejoiced in their hearts.

4. And the flowers bloomed in mirth
Celebrating Jesus' birth.

Praise to Mary

1. When God elected incarnation
To the angel Gabriel ordered
To give Mary his salutation
Of high heavens to be queen.

2. Praise be to Mary, for evermore
Praise to her and to her creator
Without Mary there is no salvation.

3. On Christmas Eve at night
It was cold and without light.

4. The night is so cold
That the frost takes hold
Of heaven the king
To Jesus we sing.
Repeat the second stanza.

Little Child Dance

1. And was born the little child
Not a hair was on his head
And the angel intimated
Little child dance encore
Just for you was left the floor.

2. Every place your feet contact
A branch of basil takes its roots
And we both enjoy the scent
Of this basil with great joy.

3. Bammineddu balla balla
chi lu chianu è tuttu toi,
unni posi lu to pituzzu
nasci un gigghiu di bacialicò.

Canzuni di Natali

1. Diu ci manna l'ammasciata
chi di l'anciulu è purtata
di lu figghiu di so patri
Maria s'è fatta matri.

2. O gran Vergini Maria
vu sarvati st'arma mia
angili e Santi cantati cu mia
ci cantamu u rusariu a Maria.

3. Vi nni jistu cu gran fretta
a la casa di 'Sabetta;
San Giuvanni 'un jera natu
e pi nui santificatu.
Ripititi a secunna strofa.

4. 'Nta na povira mangiatura
parturiu 'na gran signura;
'n menzu o boi e l'asineddu
e nasciu lu Babbineddu.
Ripititi a secunna strofa.

5. Commu nuautri fimmineddi
piccatrici e puareddi
a la chiesa vi ni jistu
e Gesuzzu ci offiristu.
Ripititi a secunna strofa.

6. Quannu vu a Gesù pirdistu
lu circastu e lu vidistu;
ci spiegava la duttrina
commu un'ostia divina.
Ripititi a secunna strofa.

Ninnaredda di Natali

1. A la notti di natali
Chi nasciu lu re putenti
Parsi jornu naturali
Cu li stiddi riplendenti.

A la Notti di Natali

1. A la notti di Natali
È natu lu Bammineddu
li genti si sbigghiaru
e vittunu lu jornu.

2. Vittunu l'arbiri ciuruti
accantu c'era un massaru
ccattaru na vitedda
cci la purtaru pi rigalu
pi vidiri lu Bammineddu.

3. Little child dance encore
Just for you was left the floor
Every place your feet contact
Branches of basil their roots attract.

Christmas Song

1. God a message did conceive
That the angel would convey
Of the father's blessed child
Mary would be mother mild.

3. In a hurry you departed
To Elizabeth's own home
While Saint John was still not born
And had not been sanctified.
Repeat the second stanza.

5. Like young women of today
Who are poor and with sin laden
To the church you made your way
For dear Jesus to make offer.
Repeat the second stanza.

2. Blessed virgin, oh great Mary
of my soul you are salvation
Saints and angels sing with me
We sing a song to Mary.

4. In a manger and so poor
Gave birth our blessed lady
Between a donkey and an ox
Was delivered her holy child.
Repeat the second stanza.

6. When of Jesus you lost sight
You went searching till you found him
but God's word he was expounding
Not as child but spirit holy.
Repeat the second stanza.

A Christmas Lullaby

1. On Christmas Eve at night
Was born our king of might
It appeared to be daylight
With the stars so gleaming bright.

Christmas Night

1. On the night of Christmas Eve
Had his birth the little child
They woke up young and old
Of the day they saw the light.

2. All the trees they saw in bloom
For a herdsman they sent
A young heifer they acquired
And they bought it as a gift
For the dear newborn child.

A Nascita di Gesù

1. Nasciu lu Bammineddu, è picciriddu
e nasciri ci vosi puviriddu
'nta na mangiaturedda nutuliddu
scardatu d'un buiuzzu e n'asineddu.

2. E cu passava ci dicia: cui è chiddu
lu figghiu di Maria, Gesuzzu beddu
l'angiulu ci calau cun cannistu
e la Madonna lu binidicia;
l'angiulu ci dicia a Gesù Cristu:
biatu a cu è votu di Maria.

Biancu Velu

1. Quannu nascisti tu, biancu velu
ti battiaru a la fonti jurdanu
to mamma t'accattau un biancu velu
supra a to facci janca lu pusaru.

2. Li Serafini du celu calaru
li cardinali li torci tineru
quannu u to nomi beddu allisteru
di nomu Turidduzzu ti chiamaru.

Canto Natalizio

1. A la notti di Natali
c'è na festa principali
e nasciu lu Bammineddu
'mmenzu lu boi e l'asineddu.

2. E susi pasturi
nun dormi cchiù
lu vidi chi è natu
u Bamminu Gesù.

3. Aspittatimi n'anticchiedda
quantu vaiu a lu pagghiaru
mi scurdavu la puddastredda
l'acidduzzu d'intra o panaru
la racina 'ntra u cofinu
pi purtarla a Gesù Bamminu.
Ripititi a secunna strofa.

4. E li tumi senza sali
ha viniri a vinnignari
u lu pattu ca ti fazzu
ca racina non ha manciari.
Ripititi a secunna strofa.

The Birth of Jesus

1. The holy child was born, but he was small
In poverty he came for our salvation
In a manger he was born inside a stall
With the oxen and a donkey in the same station.

2. Who is that child would ask the passerby
Jesus the son of Mary was the reply
The angel with a basket did come down
Virgin Mary her blessing did provide
To Jesus Christ the angels gave address
Who to Mary is devoted is so blest.

White Veil

1. On the day of your birth, oh veil so white
At the mouth of the Jordan were baptized
Your mother for you purchased a white veil
And placed it on your fair skinned face.

2. The Seraphim from heaven made descent
The cardinals held torches in their hands
When finally your name they did select
They called you Redeemer of the world.

Christmas Chant

1. The night of Christmas Eve
Is the most important feast
Had his birth our holy child
Between a donkey and an ox.

2. Shepherds awake
Get free from your sleep
Go and see who was born
It is Jesus the child.

3. Wait for me for a while
As I go to my hut
The young hen I forgot
The bird is in the basket
And the grapes are in the crate
To baby Jesus all I donate.
Repeat the second stanza.

4. The unsalted cheese so fresh
I will gather from the mesh
But with you this deal I make
Of the grapes you cannot take.
Repeat the second stanza.

A Gesù Bamminu

1. O chi nuttata di friddu e di jelu
di nivi sunnu carrichi li munti,
sunati friscaletti e ciarameddi
e si fa festa 'nta tutti li munti.

2. Parati su la grutta e l'altareddi
e illuminati di lucenti stiddi,
lu Bammineddu si spetta di gelu
cantamu tutti ranni e picciriddi.

3. Lu zuccu di Natali sta ddumatu
pi l'alligria di Gesù bambinu,
priamu tutti cu cori e cu sciatu
quantu ni scanza lu malu distinu.

4. Mintemunni cu fidi a ginucchiuni
e n'aduramu lu Bambinu amatu,
cantamuccilli li megghiu canzuni
'nta st'altareddu tuttu apparicchiatu.

5. Chi gioia 'nta lu cori ca si senti
chi 'nta la grutta ci sta lu Missia
tutti li pastureddi su cuntenti
cuntenti su S. Giuseppi cu Maria.

6. Ch'è bedda la nuttata di Natali
pari chi 'nterra c'è lu paradisu,
ch'è bedda la jurnata e quantu vali
in ogni altareddu c'è un bambinu misu.

7. Cantamu pi li casi e pi la via
chi vinni a lu munnu lu veru Missia.

Bammineddu

1. Bammineddu unn'annati
cu ssi puzza ricamati?
Iò vaiu a la Batia

To Baby Jesus

1. What a cold and freezing night
The hills are covered in snow so bright
In the cold for Jesus' birth we wait
As with joy the hills do resonate.

2. Cave and altars are ready in the night
And by the shining stars receive their light
Bagpipes and flutes play with intent
Young and old your sweet carols chant.

3. The yule log has been given light
For baby Jesus' very own delight
Let us all pray with sincerity
To prevent a harmful destiny.

4. Let's kneel with faith in contemplation
And watch the loved child in adoration
Our most melodious songs let's intonate
As at the gilded altar we venerate.

5. Oh what a joy in our hearts we feel
As in the cave to our Messiah we kneel
The shepherds are so happy for the event
Joseph and Mary are also so content.

6. How wonderful it is this Christmas night
Of heaven on this earth we have the sight
How blissful is the day and how admired
In every altar dwells a little child.

7. In the houses and on the way in mirth
To honor the true Messiah's earthly birth.

Little Child

1. Little child where are you going
With this clothing so embroidered?
I am heading to the abbey

Bammineddu, gioia mia.
Gesù mi fa un beddu cummitu.

2. A la Batia c'è tanti signuri
cu Gesuzzu beddu fannu l'amuri,
dammi l'aneddu chi porti a lu itu.

3. Bamminuzzu, Bammineddu
'nta 'sta rutta 'ccucciateddu
cu passava lu vidia
beddu fruttu chi fici Maria.

C. Ninne Nanne
A Notti di Natali

1. E la notti di Natali
nasciu lu Bammineddu,
ci mitteru un nomi beddu
Sabbaturi lu picciriddu.

2. Di lu celu ci scinneru
l'angiuleddi cantaturi,
e d'intornu ci curreru
li tri Maggi e li pasturi.

3. Bambineddu, Bambineddu
tu si duci, tu si beddu,
ninna nanna, ninna oò
dormi beddu e fai la oò!

Beddu Bambinu

1. Sta notti a menzanotti
nasciu un beddu Bambinu
sta notti a menzanotti
nasciu Gesù.

2. A ninna nanna, caru Bamminu
a ninna nanna ti vogghiu cantari
a ninna nanna, caru Bamminu
a ninna nanna ti vogghiu sunari.

You are my joy little child.
From Jesus I will have a good reception.

2. In the abbey many people dwell
And to Jesus give their love
The ring on your finger you must yield

3. Little boy, oh my dear child
Bundled up in this cold cave
Passing by all could see
The lovely child of Mary.

C. Lullabies
Christmas Eve

1. On the night of Christmas
Was born the holy child
A special name received
Little baby our Redeemer.

2. From heaven made descent
All the angels in merriment
Their presents came to bring
Many shepherds and the three kings.

3. Little baby, child divine
You are sweet and you are mine
Go to sleep and do not cry
As I sing this lullaby.

Pretty Child

1. At the strike of midnight
A pretty child was born
At the strike of midnight
Baby Jesus saw the light.

2. A lullaby my child so dear
A lullaby now you will hear
My precious child a lullaby
A lullaby for you I will play.

Ninna di Gesù Bambinu

1. Santi Spiriti Divini
Putistati, Angiuli Santi
Cherubini e Serafini,
cu suavi e duci canti
cuncirtati a miu vuliri
chi Gesù voli durmiri.

2. Figghiu saggiu e sapuritu
ti lamenti, forsi hai sonnu?
'nta stu pettu di cunvitu
l'occhi chiudiri si vonnu;
figghiu miu, la Matri spinna
di cantariti la ninna.

3. Figghiu, batti li manuzzi
'ntra la sciamma di stu pettu
stenni ancora li piduzzi
li me brazza su lu lettu
pi to amuri cantirò
figghiu beddu, fai la oò.

4. Amurusu 'ngannaturi
veni, 'ngannami a Gesuzzu
chi la matri senti arduri
di lu chiantu e lu sagghiuzzu
l'occhi chiudiri si vonnu
veni, veni duci sonnu.

5. La buccuzza quannu ridi
pari un vacu paradisu
s'innamura cu ti vidi
cu ti vadda lu to visu
si fa amari d'ogni cosa,
figghiu miu, dormi e riposa.

6. Figghiu miu, veni lu patri
porta fica e nucidduzzi
dormi in brazza di la matri,
vita mia, chiudi l'ucchiuzzi
quannu veni ti arrisbigghiu,
dormi spusu, patri e figghiu.

7. Figghiu miu, Gesuzzu beddu
dormi un pocu chi ti sfasciu
figghiu riccu e puvireddu
bonu Diu sublimi e basciu
basciu, poviru pi amuri
dormi figghiu un pocu d'uri.

8. Ti buscai 'na cammicedda
ti la vogghiu laurari
si tu voi chi ti la spaddu
cerca un pocu arripusari
mentri fazzu lu lauru
dormi figghiu, dolci amuri.

9. Mentri fazzu lu lauru
lu lauru è capricciusu
sarà bordu a li catini
senza chiova, cruci e spini;
autri cosi fazzu ancora
figghiu miu, ripositi ora.

10. Dormi, dormi ricca gioia
mentri canta la matruzza
e lu friddu ti annoja
ti cummogghiu la facciuzza
poi ti tegnu accucciateddu
fai la ò, Gesuzzu beddu.

11. Figghiu miu li to capiddi
su du mazzi i fila d'oru,
l'occhi vaghi su du stiddi

12. Caru figghiu, mentri addatti
pari a mia chi t'addurmisci,
binidittu sia lu latti

Lullaby for Baby Jesus

1. Spirits holy and divine
Angels and celestial powers
Cherubim and Seraphim
With a sweet and soothing chant
Make a concert on my command
Because Jesus wants to rest.

2. Oh my son so wise and pretty
You sigh maybe you are sleepy
Lying on my loving chest
Your eyes are closing for a rest
Dear son your mother desires
To sing to you a lullaby.

3. Precious son, clap your hands
In the middle of your chest
Stretch your feet a little more
In my arms you find protection
I will sing a song with love
Go to sleep my pretty child.

4. You who in love tricks play
Come and trick my Jesus I pray
For his mother is distressed
That he feels not at his best
His eyes are ready for his sleep
Give him rest long and deep.

5. His little mouth when he smiles
Gives a hint of paradise
Everyone becomes enamored
When on you they set their eyes
He is lovable in every way
My son have a rest today

6. Oh my son your father is coming
Figs and nuts for you is bringing
In your mother's arms repose
And your eyes you need to close
When he comes you will be awaken
Sleep my spouse, father and son.

7. My dear Jesus son beloved
Sleep a while as you are undressed
Son so rich and also poor
God sublime and also lowly
For our love lowly and poor
Oh my son, please rest a while.

8. A small shirt for you I have found
And to fix it is my intention
If I must complete the task
You will need to have some rest
While I am busy with this chore
Sleep my son, whom I adore.

9. While this way I am occupied
And this task is complicated
With chains a border I will make
Without thorns, crosses or nails
And other frills I will add
Have a rest my lovely lad.

10. Go to sleep my pride and joy
Your mother sings a lullaby
If the cold is too severe
I'll put a cover on your face
I will keep you warm my dear
Pretty Jesus go to sleep.

11. On your head the hair you hold
Is a bundle of golden fleece
Your lovely eyes two stars behold

12. While you suckle son so dear
Seems that sleep is coming near
To this milk my thanks are sent

chi mi dunanu ristoru,
chiudi l'occhi e la buccuzza
fa cuntenta la matruzza.

13. Duci figghiu, sta capanna
è scuvetta d'ogni locu,
trasi un friddu chi t'affanna
non c'è ligna e non c'è focu,
autru fari non si pò
statti in brazza e fai la o ò.

chi t'arrenni e ti nutrisci,
fammi fa lu punsuliddu
graziusu picciriddu.

14. Figghiu, cala la manuzza
chi lu friddu curri troppu,
ora cerca la matruzza
di truvari qualchi sgroppu,
busca luci e ti cauddia
dormi figghiu, vita mia.

O Bamminu Babbineddu

1. O Bamminu Bammineddu
veni a nasciri 'nto me pettu,
Bammineddu du me amuri
veni a nasciri 'nto me cori.

2. O Bamminu, Santu Bamminu
u vostru cori è duci e finu,
cu la vostra gran putenza
datimi ajutu e pruvidenza.

Bammineddu Picciddu

1. Bammineddu picciddu, picciddu
iancu, russu e ninnuliddu
la faccitta picciridda
cu l'ucchitti cilistini
li capiddi ricci e beddi.

2. E t'adurunu l'anciuleddi
cu tia sempri vogghiu ristari
cu la mamma e u patri toi
pi cullarti allegramenti.

E Ninna la o

1. La notti di Natali
è la festa principali,
scinneru li pasturi
pi adurari lu Signuri.

2. E ninna la ò
dormi Gesù e fai la ò.

3. Bammineddu duci duci
iò ti portu li me nuci,
ti li scacci e ti li mangi
accussì Gesù non chiangi.
Ripititi a secunna strofa.

4. Bammineddu duci assai
lu me pani ti purtai,
ti lu manna la mamma mia
ch'ècchiu ricca di Maria.
Ripititi a secunna strofa.

That to me some comfort give
Shut your eyes and close your lips
Make your mother so content.

13. My sweet son, this ancient hut
Is uncovered from hill and dale
The cold air is hard to inhale
There is no wood and there is no fire
There is nothing I can do
In my arms go to sleep

That gives you sleep and nourishment
Let me rest just for a while
Oh my gracious little boy.

14. Under cover place your hand
For the cold is hard to endure
Now your mother will procure
Some firewood in the open field
It'll give light and heat provide
Sleep my son who are my life

Little Child

1. Little child, oh little baby
In my heart you must be born
Little baby, oh my love
Be reborn in my heart.

2. Little child, child divine
Your heart is sweet and very fine
With the power you enjoy
Give me comfort, give me joy.

Little Baby

1. Little baby you are so small
With a skin so pink and fair
And a dainty little face
And your blue celestial eyes
And such pretty curly hair.

2. By the angels you are adorned
To be with you is my request
With your mother and father blest
To cherish you in happiness.

Lullaby

1. The night of Christmas Eve
Is the most important feast
Shepherds from the hills descended
To adore the child our Lord.

2. As I sing this lullaby
Sleep Jesus and don't cry.

3. Oh sweetest little child
I bring you nuts from the wild
You can crack and eat them dry
So our Jesus will not cry.
Repeat the second stanza.

4. Oh sweetest little child
Fresh bread to you I bring
From my mother it was sent
Who is wealthier than Mary.
Repeat the second stanza.

5. Iò ti portu, Re Divinu
frutti di lu me giardinu,
e ti dicu a tuttu sciatu
non c'è megghiu nto mircatu.
Ripititi a secunna strofa.

6. Bammineddu, Bammineddu
sugnu un pocu stunateddu
ma u stissu cantu pi Tia
pi Giuseppi e pi Maria.
Ripititi a secunna strofa.

7. Bammineddu, Re Divinu
sugnu un poviru cuntadinu,
e ti portu 'sta para d'arangi
iò ti munnu e tu ti mangi.
Ripitiri a secunna strofa.

8. Iò non haiu chi purtari
ma ti portu lu me cori
picchi sacciu, o Bammineddu
chi stu donu è lu chiu beddu.
Ripititi a secunna strofa.

Bammineddu di Cartagiruni

1. Bammineddu di Cartagiruni
siti fattu di zuccuru e meli
'Nta sta buccuzza vi trasi lu ventu
Buccuzza d'oru, buccurra d'argentu.

5. And to you my Lord I bring
The fruits of my gardening
And in truth I can attest
That they are the very best.
Repeat the second stanza.

6. Little baby, little child
I am often out of tune
All the same to you I'll sing
And to Joseph and to Mary.
Repeat the second stanza.

7. Little child, divine king
A poor farmer you behold
A few oranges I bring
You can eat them as I peel.

8. Nothing else I have to give
But my heart in adoration
For I have my own perception
That this gift you most desire.

Little Child of Caltagirone

1. Little child of Caltagirone
You were made with sugar and honey
Through your mouth goes the wind
Oh golden mouth, Oh silvery mouth.

D. A Sacra Famigghia
Maria Lavava

1. Maria lavava, Giuseppi stinnia
so figghiu ciancia du friddu c'avia,
'sta zittu ma figghiu, chi ora ti pigghiu
u latti tu desi e pani nonn'avi.

2. Maria lavava, Giuseppi stinnia
'u Bambinu ciangia chi latti 'ulia,
e nni 'ulia 'na zuccunata
oh Cuncetta 'mmaculata.

Sutta un Pedi di Nucidda

1. Sutta un pedi di nucidda
c'è 'na naca picciridda,
e 'nnacavanu lu bambinu
S. Giuseppi e S. Jachinu.

2. Sutta un pedi di castagna
c'è Gesuzzu ch'addumanna
addumanna tri tarì
e ca manuzza faci accussì.

3. Sutta un pedi di cutugnu
c'è Gesuzzu iancu e brunnu
e simina raniceddu
pi l'amuri du Bammineddu.

4. Sutta un pedi di rosamarina
c'è Gesuzzu chi simina
e simina fruminteddu
o Gesuzzu quant'è beddu.

Prighera i Natali

1. La Beddamatri 'n cammira sidiva
l'imbrogghi a S. Giuseppi arripizzava
li pezzi vecchi e novi ci mittiva

D. The Holy Family
Mary Did the Washing

1. Mary washed the clothes, Joseph spread them to dry
The weather was so cold, the baby had to cry
Don't cry little child, your mother is so nigh
With milk you have been fed and of bread we are shy.

2. Mary washed the clothes, Joseph spread them to dry
The baby craved milk and would not stop to cry
He wanted just enough for his hunger to satisfy
Oh Immaculate Conception who are our queen on high.

Under a Hazelnut Tree

1. Under a hazelnut tree
A small crib is there to see
And they cradle the dear baby
Saint Joseph and Saint Joachim.

2. Under a chestnut tree
There is Jesus who is asking
And three coins he is requesting
With his fingers doing the bidding .

3. Under an old quince tree
Jesus stood fair skinned and blond
He was seeding the winter wheat
For the love of the newborn child.

4. Under a large rosemary bush
There is Jesus who is seeding
Seeds of wheat he is scattering
Oh dear Jesus how enchanting.

A Christmas Prayer

1. The Holy mother was sitting in her room
Some clothes for Saint Joseph was repairing
Old and new were the pieces she was using

cu lu so amuri ci l'accummitava.

2. Lu Bammineddu 'nta naca ciancia
l'anciulu Gabrieli lu 'nnacava
e San Giuseppi di fora viniva
cull'occhi lacrimusi lu guardava.

3. Maria, 'nfascia o picciriddu
chi cogghi friddu e casca malateddu
ci cunsamu la naca all'arburiddu
ci lassamu lu cantu di l'aceddu.

4. E cu passa di cca e spia cu è iddu
lu figghiu di Maria, Gesuzzu beddu.

La Matri Santa

1. La Matri Santa 'mpastava lu pani
l'angiulu ci purgia lu so pastuni,
a S. Giuseppi ci vinni la fami
Maruzza lu cucia e s'innieru
a tavula a mangiari.

2. Gesù, Giuseppi e Maria
binidicitimi 'stu cibu e l'arma mia,
accantu, accantu c'è l'angiulu santu
lu Patri, lu Figghiu e lu Spiritu Santu.
S. Giuseppi, Maruzza e lu Signuri.

3. Iò di lu celu 'ntisi na vuci:
cu sapi l'Ave Maria mi si la dici,
quantu è beddu stu cibu, quant'è duci
l'ha fattu nostru Diu caru e filici.

4. Ha fattu lu pani, lu vinu, li duci
e pi cunfortu all'omu ci lu fici
ogni grazia di Diu n'abbunna e binidici.

5. A li canti canti, c'è l'angiulu santu
lu Patri, lu Figghiu e lu Spiritu Santu,

But with love the task was undertaking.

2. The little child was crying in the crib
By the Angel Gabriel he was cradled
Saint Joseph was approaching from afar
With tears in his eyes the baby admired.

3. Oh Mary, the poor child must be covered
Or he will catch a cold and have some fever
Under the tree you now must bring the crib
So he can hear the birds their carols sing.

4. To everyone who inquires passing by
This is Mary's son, the lovely Jesus.

The Holy Mother

1. The holy mother kneaded the bread
The angel handed over the risen dough
Saint Joseph felt the pangs of appetite
Mary put some cooked bread aside
They sat at the table and had a bite.
Saint Joseph, little Jesus and blessed Mary.

2. Dear Jesus, Saint Joseph and Mary blest
Give blessings to this food and to my soul
The holy angel is standing nearby
And the Father, the Son and the Spirit Holy.

3. I heard a voice from heaven in the night
Who knows the Hail Mary must recite
This food is so good and sweet and light
It was made by God for our delight.

4. Bread, wine and sweets by God were made
To comfort men and women in their need
Our blessing is the abundance of God's deed.

5. The caroling rejoin as they are all here
The Angel, Father, Son and Spirit Blest

cala Maria cu so Figghiu duci
mangiamu tutti e nni facemu la cruci.

La Madunnuzza

1. La Madunnuzza cuminciò a filari
vosi campari cu li so suduri,
lu Bammineddu ci circava u pani
figghiu, non n'avemu un masticuni,
levici lu filatu a lu patruni
e quannu veni nni cattamu u pani.

A Madunnuzza

1. La Madunnuzza quannu nutricava
e nutricava lu veru Missia
supra li ginocchia lu fasciava
latti ci dava e lu binidicia.

2. E Santa Marta la culla cunsava
e la Maddalena la luci mintia
l'angiulu Gabrieli 'lluminava
dormi Gesuzzu, figghiu di Maria.

San Giuseppi Vicchiareddu

1. San Giuseppi vicchiareddu
ch'era duci e ch'era beddu
porta a nocca a lu cappeddu,
u cappeddu ci vulò
supra 'na rosa si pusò.

2. E nasciu lu Bammineddu
ch'era duci e ch'era beddu
u puttaru dda via a Missina
cu trumbetti e tamburina.

3. U cantaru pi billizza
o Maria di la littra.

With her sweet son Mary did descend
Let us all eat and our faith profess.

The Dear Lady

1. Our lady now started wool to spin
With the work of her hands wants to survive
The hungry little child bread did request
My son, nary a morsel we possess
Take the clothes you sewed to the sire
When you come back some bread you can acquire.

Our Lady Dear

1. When our lady was a nursing
And our dear Jesus was suckling
On her knees the boy was swathed
She gave him milk and offered benediction.

2. Saint Martha had the crib prepared
Mary Magdalene the lights had made ready
The Angel Gabriel provided illumination
Sleep, dear Jesus, holy son of Mary.

Saint Joseph the Old Man

1. Joseph though he was so old
Still was handsome and very sweet
On his hat he wore a tassel
But his hat flew away
And on a rose bush went to lay.

2. Then the holy child was born
And was sweetness incarnate
To Messina the boy was taken
With sound of trumpets and tambourines.

3. There they sang with gaiety
Of the letter blessed Marie.

S. BIAGIO VESCOVO

II. THE HOLY WEEK - A SIMANA SANTA

Compared to the Christmas season, the Easter season contains a small number of prayers, namely, four narratives on the passion and two short pieces. Nonetheless they provide important insights into the faith of our forefathers.

There is a hint in the narrative entitled *When Mary Was Nursing* that Jesus knew from his childhood about his crucifixion. He is depicted as going to the woods and carrying a log on his shoulders as practice for the tree that he was to carry to Calvary. Thus, in these narratives for the Christmas and Easter seasons we have a picture of a suffering Lord from his conception (the hardships of the trip to Bethlehem for Joseph and Mary and their rejection by Joseph's relatives, the freezing conditions in the cave where he was born, and sometimes hunger), his preparations in his youth, and finally his painful death on the cross.

We also notice a departure from the Gospel accounts regarding the role of Mary. In these narratives she is at her son's side right from the beginning instead of just appearing all of a sudden at the foot of the cross. She searches for her son, as she did when as a child he remained behind in the temple, and pleads for his release with the cruel tormentors even at the risk of putting her own life on the line. This depiction of Mary's role is more in line with the experiences of the mothers who would be reciting these narratives, for none of those mothers would have stayed at home attending her daily chores, when she knew that her son was in danger.

In these narratives we are also treated to a view of the gruesome nature of Jesus's Passion, not unlike the one depicted in Mel Gibson's film *The Passion of the Christ*. The writers of these narratives realized that the Passion did not involve a clean and painless trial and a quick death on the cross, but visualized a long process of cruel torture that culminated in the death on the cross. Jesus did not just die on the cross for us, he suffered torture and excruciating pain.

There is also a hint of anti-Semitism in these narratives, in line with the view of the Church which was held until recent times. In these narratives, those who are inflicting the torture are not just Roman soldiers, but mostly bands of Jewish people.

Finally, these narratives emphasize the power of prayer, specifically the power of teaching and reciting the passion of Jesus. Through the powers of these prayers, the Passion is not a past event which the faithful recollect annually, but becomes a current reality as the blood spilled by the Lord two thousand years ago exercises its redeeming function. In these narratives, healing power does not come from the Resurrected Christ but from the Crucified Jesus.

Lu Verbu

1. Lu verbu sacciu e lu verbu ogghiu diri
chistu è lu verbu du nostru Signuri
supra 'na cruci vinistu a muriri
pi sabbari li piccaturi.

2. Cruci, quantu si ranni e si binigna
'un brazzu teni 'nterra e n'autru in celu
cridu chi si fatta di carni e non di lignu
si "A verbum caro factum est".

3. Già a la valle, valle di Giosafat
ranni e picciddi iamu a essiri dda
quannu arruamu 'nta dda gran chianura
tutti trimaru comu tri fogghi di lavura.

4. Poi dda cala lu nostru Signuri
si ssetta supra na siggitta d'oru
e tinennu lu libireddu a manu
iddu leggi e dici:

5. O piccaturi o piccatrici
tu sai lu verbu picchì non lu dici
si non lu sai ti lu fai 'mparari
di mala morti non poi muriri.

6. Cu dici a campanedda sunoi
ora mi pattu e vaiu e lu trovu,
si non lu trovu, dda mi 'ttaccu e m'illiu
femma la liti e cu Diu mi staiu.

7. Verbu 'ncarnatu di lu celu scinnistu
'nta lu ventri di Maria istu e ripusastu
Stastu novi misi e poi nascistu
La Virgini Maria com'era la lassastu.

8. Trentatri anni pi lu munnu istu
tutti li matri santi piddunastu
ora piddunati a mia chi sugnu tristu

The Word

1. I know the Word and the Word I will recite
Of our dear Lord the Word I will proclaim
On the cross he died for us, but not in vain
For all transgressors to liberate he came.

2. Oh Cross how tall you are and to us good
Heaven you reach but earth you penetrate
You are made of flesh and not of lowly wood
It's really true that the Word was incarnate.

3. At the fair valley of Geosaphat
Old and young came here to congregate
When in that large plain they will arrive
Like laurel fronds they shiver and they quake.

4. From heaven our Lord will then descend
On a small golden chair he will be seated
A small book he will be holding in his hand
Which he will read and give his own command.

5. Women and men, sinners unrequited
The Word, if you know it, you must recite
The Word you must learn if you do not know
And from a painful death you are spared the blow.

6. The one who calls when the bells are ringing
I now take leave so I can go and find him
If I don't find him my wandering I'll close
I stop the search and with my God repose.

7. Word incarnate from heaven you descended
In Mary's womb you landed and had abode
You stayed nine months, then had your birth
Unblemished Mary virgin had remained.

8. For thirty-three years in the world you abided
To all mothers your full pardon you provided
Now pardon me who has become so sad

comu l'autri erruri piddunastu.

9. Comu fazzu? Abbentu non aiu!
unni vaiu mi spia e mi dici:
si sai lu Verbu picchì non lu dici?

10. Cu lu dici tri voti o jornu
libiratu iè di peni d'infernu,
cu lu dici tri voti a la notti
libiratu iè da mala motti.

11. Cu lu dici tri voti a la dia
libbiratu iè di ogni mala via,
cu lu dici tri voti a li Santi
libbiratu iè di trona e di lampi.

12. Cu lu dici in ogni capizzu
libbiratu iè di ogni trimizzu
cu lu dici tri voti a la sira
'mparadisu sinni 'nchiana
cu la Vergini Maria.

13. Cu lu sapi e non lu dici
setti virgati di focu e di pici,
e cu lu senti e non lu 'nsigna
setti virgati di focu e di ligna.

Prizzita Santa

1. Prizzita Santa 'nginucchiuni stava
mentri lu Crucifissu chi ciancia
e cu na manu la torcia ddumava
cu l'otra manu u liburu liggia.

2. Strogghimi, Cristu la ma 'ntinzioni
rivelimi la Santa Passioni,
allura u Crucificcu arrispunniu:
sabutu, Santa Prizzita parramu.

As to all sinners pardon you have given.

9. What can I do, no longer I have respite
Wherever I go he spies and then he probes
If you know the word why don't you recite?

10. Who the Word recites three times a day
The wages of sin in hell won't have to pay
Who recites it three times every night
 From a painful death will obtain respite.

11. Who recites it three times in a day
Is freed from every evil and woeful way
When to the saints three times it is recited
Protection from thunder and lightening is provided.

12. Who says it every day at crack of dawn
From earthquakes and tremors is condoned
Who recounts it three times every night
In heaven with Virgin Mary will reside.

13. Who knows the Word and to recite it fails
Seven slashes will receive with tar and fire
And those who don't teach it though they could
Seven slashes will receive with fire and wood.

Holy Prizzita

1. On the floor the holy Prizzita was prostrated
For the crucified Lord she was so weeping
In one hand she held a torch illuminated
And with the other a book she was reading.

2. This mystery, oh Christ, please clarify
To me reveal your holy and painful passion
The crucified Lord said in reply
On Saturday I'ill give the explanation.

3. Ci cuntò li peni chi patiu
la Santa Passioni rivilau,
quannu lu Giuda Marcu lu tradiu
un grossu mmuffittuni ci vutau.

4. Prizzita cascò 'nterra e stramurtiu
di lacrimi lu pettu si bagnau,
Prizzita si dill'omu 'nnamurata
m'aia iutari a cu beni prumisi.

5. Setti pugna a lu labbru ci hannu datu
e finu all'ortu fu ligatu e offisu,
centu surdati s'affacciaru a iddu
centu voti cascau pi la via.

6. Poi s'avvicinaru sei surdati
unu chi lu battia cu na catina,
e pi parrari la Matri, mischina
 iappi secentu e vinti muffuluni.

7. Dda stissa notti chi lu fracillaru
tri ossa di li spaddi ci nisceru,
Giuda ci tesi 'na spinta murtali
ci hannu assiccatu li verni e li vini.

8. Unni Pilatu e Caifa fu mannatu
iavia un mantellu di scarlatu finu,
Pilatu s'affacciò di lu barcuni:
ancora ci nn'aviti a saziari?

9. È menzu mortu, lassatuli iri
è fragillatu e non pò cchiù campari
un vasu d'acqua si fici viniri
e li so mani si vosi lavari.

10. La turba di giudei non usaru diri
pinsannu comu u putiunu cunnannari,
ma quannu di novu l'ebburu 'mputiri
di novu si minteru a fracillari.

3. The pains that he suffered he disclosed
The holy passion to Prizzita he narrated
When Judas his betrayal had revealed
With a slap in the face he was stricken.

4. Prizzita, semiconscious then collapsed
Her chest with painful tears was fully drenched
Prizzita of the man you are enamored
My promises your help now require.

5. Seven punches on his lip he did receive
To the garden tied he was conducted
One hundred soldiers vigilant remained
 One hundred times to the ground collapsed.

6. Seven soldiers made their approach
With a chain one of them hit the Lord
And when his grieving mother did reproach
They gave him 65 slaps on his cheek.

7. The night that the Lord was flagellated
Three bones from his shoulders separated
Then Judas did impart a mortal blow
His veins became dry of their blood flow.

8. To Pilate and then to Caifa he was sent
A scarlet mantle of fine cloth he wore
Then Pilate walked on the terrace floor
Your vengeance has not yet made you content?

9. He is half dead, you now can let him free,
Is flagellated and dead he soon will be,
A bowl of water was brought to his balcony
And Pilate washed his hands thoroughly.

10. The Jewish crowd did no dare retort
Still pondering about his condemnation
When Jesus into their power did return
They quickly resumed his flagellation.

11. 'Na catina a lu coddu ci attaccaru
e tutti li capiddi ci spinnaru,
poi a munti Calvariu lu 'nchianaru
gridannu a vuci forti: mori, mori.

12. E quannu fu a mmenzu di la strada
cascò 'nterra cu tutta la cruci,
'na cosa assai mi nni dispiaci
chi appressu c'era la so Matri duci.

13. O piccaturi, o piccatrici
cu la Prizzita Santa sapi mi la dici,
cu non la sapi si la fa 'nsignari
e peni d'inferno non ni patiravi,
cu la dici tri voti a la via
è 'mparadisu cu madri Maria.

14. Cu la dici tri voti a la notti
è libiratu d'ogni mala morti
cu pi quaranta jorna la diravi
e cu la dici cu divozioni
ci dici un credu a la so morti e passioni.

U Lamentu du Gioviddì Santu

1. Ora briscennu vennardì matina
la Matri Santa si misi 'ncamminu
pi strada cincuntroi San Giuvanni
ci dissi: "Aunni annati Matri di Diu?"

2. Vaiu circannu a lu me caru figghiu
chiddu ch'era chiù ghiancu di lu gigghiu,
'nn'ati unni la casa di Pilatu
dda vui u truvati 'ncatinatu.

3. Tuppi...tuppi, cu è ddocu?
sugnu a povira affritta di to Matri
o matri, matri, non vi pozzu apriri
chi li giudei mi tenunu 'ncatinatu.

11. To his neck a heavy chain they did attach
By hand they pulled out all his hair
To mount Calvary he then was cruelly led
They followed with loud cries: we want him dead.

12. As he walked in the middle of the road
Down he fell under the heavy load
One thing to my heart brings great sadness
That Mary his sweet mother was a witness.

13. Who a sinful life befriended
Who knows the holy Prizzita must recite
By whom it is not known it must be learned
So from the fires of hell may have respite;
Those who recite it three times in life
In heaven with mother Mary will reside.

14. He who recite it three times a night
from painful death will get respite,
He who recites it for forty days
and recites it with devotion,
will say a crede for his death and passion.

Holy Thursday's Lament

1. As Friday morning was already dawning
Our holy mother started on her search
On her way with Saint John she had a meeting:
Mother of God whomever are you seeking?

2. My beloved son I seek in great despair
With him a white lily can't compare,
To the house of Pilate you must go
That's where they hold him as a foe.

3. Knock, knock, who is knocking at the door?
Your mother, for you I'm searching in deep pain
O mother , your request can't be fulfilled
By Jewish leaders in chains I am detained.

4. O figghiu, figghiu, capidduzzu d'oru
mamma, non 'naiu chiù, mi li sciupparu
'nnati unni lu mastru di li chiova
faciticcinni fari un paru pi mia.

5. Non tanti 'rossi e non tanti pisanti
ch'enna passari 'nta 'sti carni Santi,
non tanti 'rossi e non tanti sottili
ch'enna passari 'nta sti carni gintili.

6. E rispunneru li malifatturi
'rossi e spuntati faciticcilli fari,
e Maria sintennu stu tirruri
scurò lu celu, la terra e lu mari.

7. E Maria sintia li spacciddati
non li dati tantu forti
chi su carni delicati.
zitta, zitta tu Maria
lassu a Gesù e pigghiu a tia.

8. O figghiu, scinnitinni di 'ssa cruci
ch'anterra c'è to mamma chi ti difenni,
o matri, matri binidicitimi e itibbinni
chi lu me corpu la cruci pritenni.

9. Vardati a Cristu e vardati ddi piaghi
chiddi ci l'ennu fattu li giudei,
Giuda tirannu ci nni fici assai
cumannava la turba e i farisei.

A Madunnuzza Quannu Nutricava

1. A Madunnuzza quannu nutricava
nutricava lu veru Missia,
supri li ginuccheddi lu 'nfasciava
latti ci dava e lu binidicia.

2. U Signuruzzu quannu caminava

4. Oh son, who have this hair so golden gleaming,
Mother, with the pulling there is none remaining
Go to the store where nails they can fashion
Tell them I need a couple for my Passion.

5. Not too large or heavy they should be
For they must go through this holy flesh
Not so large or thin they must be made
This gentle flesh will have to penetrate.

6. The evil doers responded swiftly
Large and pointed the nails have to be,
For Mary when these word she heard in fright
The sky, earth and the sea gave up their light.

7. Mary heard the words the tramps had spoken
Don't hit so hard, his flesh is soft and gentle
Be quiet Mary and stop you lamentation
Or we leave Jesus and you will get his ration.

8. My son, from the cross you must descend
On earth your life your mother will defend
Mother please depart, your blessing give
The cross for my body has been intended.

9. Look at Christ and all his wounds observe
By the hands of Jewish people were produced
By Judas most of them had been inflicted
Who Pharisees and rioters commanded.

Mary When She Was Nursing

1. Our Virgin Lady when she was a nursing
Our true Messiah she was breast-feeding,
On her knees with love he was being dressed
He was given milk and by her was blest.

2. When our Lord went out for a hike

e 'nta li rocchi rocchi si nni ia
un pezzu di lignu 'ncoddu si mmuttava,
lu segnu di la cruci si facia.

3. E la so dolci Matri ci spiava:
ca fari cu ssu lignu rosa mia?
iddu rispirannu ci parrava:
cca supra spirirà l'anima mia.

4. Maria jittò 'na vuci e poi dissi:
Giuda supra la mia chi pritenni?
iavia un figghiu ch'inbraccia lu tinni
ora lu vidu alla cruci ch'inpenni.

5. Maria jittò na vuci supra lu scogghiu
quannu vitti moriri a so figghiu,
dissi: malu pi mia comu farogghiu?
persi la rosa e lu biancu gigghiu.

6. A sira sula sula mi ricogghiu
senza u gigghiu amatu di me figghiu,
figghiu di l'arma mia, cilesti amuri
figghiu senza di tia restu scuntenta,
e pi l'amuri di li peccaturi
muristi 'ncruci cu tanti turmenti.

7. All'alba, all'alba la campana sona
Gesuzzu 'ncelu a tutti nni chiama,
'sta orazioni è ditta a nomu vostru
vi dicemu un'Ave Maria e un Patri Nostru.

Signuruzzu

1. Signuruzzu, quannu all'ortu ti truvaiu
iò fu lu primu di li farisei,
iò mi mintii a la Cruci e vi 'nchiuvaiu
morti vi desi cu li mani mei.

2. Iò, Signuruzzu, cunfissuri mai circai

Over a rocky trail he kept his stride
He carried on his shoulders a heavy log
The sign of the cross he had to bear.

3. And his sweet mother kept demanding
With this piece of wood what are you doing?
And Jesus with a heavy sigh retorted
On such a wood my soul will be departed.

4. And Mary cried with a painful tone
Judas, what do you want from my own?
I had a son who in my arms was raised
And now on the cross I see him nailed.

5. Mary with a loud scream her grief expressed
When her son's death she had witnessed
What am I going to do so broken-hearted
When my white lily and rose has departed?

6. The evening all alone I stay at home
Without the loved lily who is my son
Celestial love, blessing of my soul
Without you I remain without console
For the love of all sinners everywhere
You died on the cross and tortured were.

7. At dawn, at dawn, the bells will be tolling
To heaven our Lord Jesus is all calling
To your name we make this supplication
A Hail Mary and Our Father we recite.

Dear Lord

1. When in the garden our Lord I came to see
I was one of the most cruel Pharisee
To nail you on the cross I went to aid
In your death with my hands I did partake.

2. Dear Lord, a true effort I never made

pi cunfissari li piccati mei,
ora Signuri chi mi cunfissai
mi sentu comu l'omini
chi non hannu offisu mai.

O Sipurcu

1. O Sipurcu visitatu
chi di sangu fustu lavatu
fustu lavatu pi quarantottu uri
pi nuiautri peccaturi.

ANNUNCIAZIONE DI MARIA VERGINE

For my many sins to be redressed
Now that to you my sins I have confessed
I feel like those who've never sinned.

The Tomb

1. Holy tomb, which often has been visited
With blood you have been made clean
For two days you were washed
So us sinners you could redeem.

III. PRAYERS TO JESUS – PRIGHERI PI GESÙ

This section contains a variety of largely short prayers. They are notable primarily for being contrived in both form and content as they try to delve into the mystery of Jesus as the Risen Christ. The shortest piece, however, provides a hint of the practical nature of the catholic faith as seen by our forefathers. In *I Lift My Eyes* we are told that confession of our sins is fruitless without true repentance. Moreover, our rebirth in Christ is shown not by intensified prayer, but by a change of behavior and through the deeds in our daily life.

Cu Gesù Mi Curcu

1. Iò mi curcu 'nta 'stu lettu
c'è Maria 'nta lu ma pettu,
iò dormu e idda vigghia
si c'è sconsu m'arrisbigghia.

2. Iò mi curcu a la bon'ura
'sta bedda Matri mi nni staccura,
mi cummogghia cu so mantu
lu Patri, lu Figghiu e lu Spiritu Santu.

3. Iò mi curcu, mi curcai
tri cosi ci dumannai:
cunfissioni, cuminioni e ogghiu santu
u Signuri no mmi si movi di lu ma cantu.

4. Iò mi curcu pi durmiri
'nta lu sonnu pozzu muriri,
iò non haiu cunfissuri
cunfissatimi vui Signuri.

5. vui sapiti li ma erruri,
pirdunatimi Signuri
vui sapiti la ma cuscenza
datimi spaziu di pinitenza.

6. Cu Gesù mi curcu, cu Gesù mi staiu
stannu cu Gesù paura no nnaiu

I Rest with Jesus

1. In this bed I go to sleep
Mary is in my heart so deep,
Mary watches over me
To wake me up in emergency.

2. I go to bed at the right hour
Our gracious lady will use her power
With her mantle she will cover me
Father, Son and Spirit Holy.

3. I am in bed, already at rest
But three things I did request
Confession, Communion and Blessed Oil
And the Lord's presence on my side.

4. I go to bed some sleep to enjoy
In the sleep I may also die
I would die without confession
Lord I will confess to you.

5. As you know all transgressions
Please your pardon grant oh Lord
Of my conscience you are aware
Let my penance now prepare.

6. I rest with Jesus, to me he is near
With him on my side I have no fear

sacciu la curcata, non sacciu la livata,
l'anima mia è raccumannata.

7. Iò mi curcu e m'addurmisciu
datimi grazia mi brisciu,
o sant'ngiulu di Diu
siti veru cumpagnu miu.

8. No mi moru di mala sorti
'ccumpagnatimi 'stanotti,
s'acchicosa succidissi
l'anima mia non si pirdissi.

9. Sant'Anna è ma nonna,
San Giuseppi è ma nonnu,
u Signuri è ma patri,
a Madonna è ma matri,
l'angiuli i ma fraturi,
i sarafini i ma cuscini;
ora chi aiu st'amici fidili,
mi fazzu la cruci e mi mettu a durmiri.

Isu l'Occhi

1. Isu l'occhi a vui Signuri
e vi vidu 'ncruci stari
sugnu un miseru peccaturi
non mi sacciu cunfissari.

2. Cunfissari non è nenti
si lu cori non si penti,
voli Diu lu nostru cori
voli fatti e non paroli.

Di Gesù lu Santu Nomu

1. Di Gesù lu Santu nomu
cu pò mai ludari tantu?
cu pò mai narrari comu
muta in risu, pena e chiantu

I know the bedtime, not when I awake
My soul to Jesus has been recommended.

7. To bed I go and there I will be sleeping
Grant that I will get up in the morning
Angel sent by our Lord divine
You are a faithful friend of mine.

8. So I don't die a death in fright
Please remain with me tonight
If a misfortune does occur
My soul from you will not be lost.

9. Saint Ann is my grandmother
Saint Joseph is my grandfather
The dear Lord is my father
And blessed Mary is my mother
The angels are my brothers
And the Seraphim my cousins,
Now that are all to me near
With the sign of the cross I can retire.

I Lift My Eyes

1. Towards my Lord a glance I toss
 And see him nailed on the cross
I know that I did transgress
But know not how to confess.

2. A confession is in vain
If the heart does nor repent
A pure heart our God desires
Deeds he wants, words are futile.

Jesus Holy Name

1. The Holy name of Jesus
Who can praise in excess
Who can give a true description
How it changes in joy and pain?

2. Alligrizza è di lu celu
cuntintizza di lu munnu
e riscalda alme di gelu
ogni cori fà giucunnu.

3. Cristu, nomu zuccaratu
cchiù suavi di lu meli,
ogni cori fà biatu
renni duci amaru feli.

4. O suavi meludia
chi cunsoli lu me pettu,
chi ducizza ha l'alma mia
si a Gesù duna ricettu.

5. Gesù sana ogni firita
picchì è balsamu vitali,
Gesù duna a tutti vita
e risana d'ogni mali.

6. È Gesù mari di grazia
c'arricchisci ogn'alma pura,
chistu nomu l'alma sazia
e rinfrisca d'ogni arsura.

7. Stu gran nomu Santu e forti
è spaventu di lu 'nfernu
di lu celu apri li porti
e ci salva in sempiternu.

8. Gesù, miu Gesù, Gesù
Gesù è tuttu lu me beni,
a Vui vogghiu e nenti cchiù
o biatu cui ti teni.

9. A 'stu nomu ricurremu
tra l'affanni e tra li peni
pi 'stu nomu attiniremu
cuntintizza e ogni beni.

2. Of the heavens he is the joy
There is happiness on earth
Our hardened souls he fires
Every heart through him rejoices.

3. Christ, a name with sugar coated
 It is sweeter than wild honey
Every heart is ever blest
Even bile has no bitterness.

4. You are a celestial melody
To my heart gives consolation
How sweet my soul will be
When in it Jesus abides.

5. Jesus of every wound is healer
For he is a life giving balm
To all Jesus life donates
From every ill he does restore.

6. Jesus is a sea of grace
Pure hearts he enriches first
His holy name the soul satiates
And it quenches every thirst.

7. This holy name with great might
To darkest hell it will give fright
To heaven it opens the door
 And saves us for evermore.

8. Oh my Jesus, oh my Jesus
Your love is all that I desire
I want you and nothing else
Who holds you is truly blest.

9. To this name we assistance claim
Between our troubles and our pain
Through this name we can access
A good life and happiness.

A Gesù Sacramentato

1. Turbi angelici scinniti
dall'empiriu stillatu
e 'nto Sacru Pani viditi
Diu all'omu in cibu datu.

2. Sia Diu Sacramintatu
e ludatu sempri sia
ogni ura ogni mumentu
lu Santissimu Sacramentu.

3. Cu gran giubilu e cuntentu
aduratu, umiliatu
'nto Divinu Sacramentu
lu Supremu Diu 'ncarnatu.
Ripititi aa secunna strofa.

4. Incinzati lu Diu d'amuri
chi 'nto pani Sacru vilatu
tuttu fiamma e tuttu arduri
si duna in cibu all'omu 'ngratu.
Ripititi a secunna strofa.

5. Miu Signuri e veru Diu
chi racchiusu in Pani sacratu
cridi assai u cori miu
e ti adura già vilatu.
Ripititi a secunna strofa.

6. Maistà di Diu suprema
ricuperta di velu amatu
cibu santu, vita eterna
da vui speru esseri biatu.
Ripititi a secunna strofa.

7. Miu Gesù, eternu amuri
fattu cibu zuccaratu
brucia l'alma, brucia u cori
di vidirivi sempri amatu.

To Jesus in the Sacrament

1. Choirs of Angels please descend
From the high celestial reign
In the sacred bread behold
God to us as food donated.

2. In the holy Sacrament
Praised forever God shall be
Every hour and every moment
The most holy Sacrament.

3. With a joyous jubilee
So adored yet mortified
In redeeming Sacrament
God supreme was incarnated.
Repeat the second stanza.

4. To the God of love show zeal
In the holy bread concealed
Which in flaming ardor is given
To ungrateful man as food.
Repeat the second stanza.

5. Oh my Lord and my true God
In the holy bread concealed
My own heart is full of faith
Though my God you are veiled.
Repeat the second stanza.

6. God's majesty supreme
Though a loved veil conceals
Holy food grants as meals
For your blessing I implore.
Repeat the second stanza.

7. Oh my Jesus eternal love
Sweetest food for my life
Heart and soul yearn to see
That your name loved will be.

Ripititi a secunna strofa.

8. Oh! Quali cori non ardirà
'nta lu munnu chi ha criatu,
ogni omu si stupirà
a vidirlu umiliatu.
Ripititi a secunna strofa.

S.S. *Crucifissu*

1. O Santissimu Crucifissu
sugnu vinutu dinanzi a vui
e lu sangu che spargistu
lu spargistu vui pi nui.

2. Siti corpu Sacratissimu
e siti figghiu di Maria
vui sapiti li me piccati
vui sapiti la menti mia.

3. Vui Maria matri pietusa
e pedi da cruci lacrimusa
cincu piaghi e cincu rosi
la matri di Diu salvari nni vosi.

4. Ma chi vonnu li piccaturi?
Misericordia, Signuri.

Signuruzzu

1. Signuruzzu, mi mannastivu chiamannu
haiu piccati assai, ora non vegnu,
iò pi li tò piccati non m'allagnu
supra la cruci suspisi li tegnu,
pigghiti 'na schizza du me sangu
laviti, puliziati e 'nchiana a lu ma regnu.

2. Cala, cala stilla mia
sangu e latti di Maria,

Repeat the second stanza.

8. Oh what heart won't be inflamed
In the world of his creation
Every man would be appalled
To glimpse at his humiliation.
Repeat the second stanza.

The Most Holy Cross

1. Crucified Christ most holy
In your presence I come to pray
For the blood you poured away
For us sinners who do betray.

2. You are holiness incarnate
You are the son of Mary blest
My sins you understand
My mind you comprehend.

3. Mary of mercy mother holy
At the foot of the cross weeping
Five wounds and five roses
God's mother salvation giving.

4. What is a sinner's true desire
Your forgiveness to acquire.

Dear Lord

1. Lord for me you have come a calling
Too much I have sinned, I will not be coming
Of your sins I don't keep a record
On the cross they are kept suspended
A drop of my blood you must obtain
Cleanse yourself and come to my reign.

2. Come down, my star, make your descent
With Mary's milk you had nourishment

quannu sentu calari a Diu
forti batti lu cori miu,
lu ma cori non è dignu
di pigghiari a Vui Signuri.

3. Pensici anima mia, pensici e trema
pensa cu t'invita 'sta matina,
Gesuzzu di lu celu 'nterra cala
pi cuntintari a tia, alma mischina.

4. E si tu u pensi quannu iddu cala
ricivi lu pirdunu disiatu,
si, pirdunatimi Signuri
chi iaiu fattu tanti erruri.

5. Quannu vaiu a cumunicari
pensu afflittu a cu aia pigghiari
vaiu a pigghiari a Diu d'amuri
e mi sentu saziari.

Signuruzzu

1. Signuruzzu di ddocaffora
trasitabbinni 'ncasa mia,
iò vi consu nu letticeddu
'ntra la propria anima mia.

2. Anima mia non stari cunfusa
chi Gesù ti voli pi spusa,
e ti spusa e ti guverna
e ti porta alla gloria eterna.

When I see God coming down
My heart beats without rest
My poor heart is unworthy
to be a home for the Lord.

3. Ponder my soul in trepidation
Know who made the invitation
From heaven Jesus made his descent
To give my poor soul contentment.

4. And if you think of him on his descent
You will receive the pardon so desired
Dear Lord, please give me absolution
For all the many sins of my commission.

5. When of a confession I do partake
I think with affliction whom I will take
I will be taking Jesus, our God of love
Then my soul will be fully satisfied.

My Dear Lord

1. Dear Lord who stand outside
In my house please abide
For you I will prepare a bed
In my soul so happy and glad.

2. My soul don't be confused
If as bride you are desired
As a spouse by Jesus guided
Eternal glory will be acquired.

IV. PRAYERS TO MARY - PRIGHERI A MADONNA

This section contains a variety of narratives and short prayers plus a full rosary. One thing to note about this section is that these prayers would be mostly recited by women during the various celebrations in honor of the virgin Mary. Their supplications, therefore, are likely to reflect the needs and desires of women, which in turn indicate their conditions on earth and their hopes for the life to come.

Another important aspect of these prayers, which will also be repeated in the prayers to the saints, is the personal nature of the relationship that these women see with Mary. She is a true mother, who resides as queen in heaven but who is not detached from the suffering people on earth. Mary is viewed as being no different in her human nature than the mothers who recited these prayers, and she shows compassion for their suffering, helps them in their times of trial, and prepares a place for them in heaven.

Quannu Maria

1. Quannu Maria Diu avia criari
un grandissimu miraculu jappi a fari,
essennucci 'nterra sulu morti e fangu
la fici priziusa e cu so sangu.

2. Comu, Matruzza bedda lu Signuri
'nto criarla ci mittiu u cori,
duci ci desi un cori granni cchiù du mari
biddizzi e onuri cchiù di tutti i pari.

3. Maria, veni a lu munnu Gran Signura
sula fra tutti bidditta e pura,
ebrea nasci, crisci e si marita
ma cunsacrata a Diu è pi la vita.

4. Un ghiornu chi Diu Patri è assai cuntentu
cci annuncia cu Gabrieli lu so intentu,
si cunfunni Maria a ciò chi senti:
iu, Matri di Diu diligenti?

When Mary

1. When our God Mary had to create
A wondrous miracle had to conceive,
As life on earth had long been desecrated
With his holy blood she was created.

2. When precious Mother Mary God created,
His heart in this endeavor was elated,
Wider than the ocean her heart was made
Her beauty and honor were beyond compare.

3. Mary come to earth, oh our grand lady
Among us mortals beautiful and pure,
Of Jewish descent born, raised and wedded
To God her earthly life she consecrated.

4. One day, our Lord in his contentment
To Gabriel he revealed his new intent,
Confused was Mary by the announcement:
But to the will of God her will was bent.

5. Virgini di Nazareth, propriu idda
povira, non struita e carusedda?
ma un si Diu aspetta e ci lu dici
e in idda omu u figghiu di Diu si fici.

6. Nasci Gesù ma 'nta na mangiatura
cu u fici u 'nfascia, l'allatta, l'adura
cu l'occhi lu crisciu ddu Figghiu duci
cci canta, gioca e giuisci ca so vuci.

7. Lu stringi e lu vasa sapennu cu è:
u so Diu è so Figghiu u Re di li re,
u lava e stanca un mumentu s'assetta
và cu pinseri a la morti chi l'aspetta.

8. E qua granni si lu vidi partiri
si senti già matri afflitta di un martiri
luntana du so cori è sempri o so latu
lu pensa iornu e notti, Figghiu sciatu.

9. Poi quannu lesta pi sunari è l'ura
si susi di bottu e partì cu primura,
e pedi da Cruci iavi appuntamentu
e non pò mancari 'nta 'stu suffrimentu.

10. Lu Figghiu sta murennu 'ntra du latri
'nnaffida a idda e nni la duna Matri,
trasiu cchiù funnu a spada di paroli
ma u stissu nn'abbrazzau cu tuttu lo cori.

11. Di tannu idda è o latu da Cruci, sempri
du capudannu all'ultimu di Dicembri,
a cunfurtari i figghi nichi e granni
pi farli santi comu San Giuvanni.

A Maria 'Mmaculata

1. Maria 'Mmaculata, Vergini Cuncizioni
mintiti la vostra santa speciali prutizioni,
'nta tutta la famigghiedda mia; e cussì sia.

5. From Nazareth a virgin chaste she came
Poor, with little schooling, so young and tame,
But God desired a yes, and she obliged
And God's son in her womb materialized.

6. And so was born our Jesus in a manger
His mother gave him food and adoration
She watched the baby grow with affection
She sang and played for her gratification.

7. She held him tight as she knew his nature
Her son, Lord of Lords and king of kings
He is kept clean and when she takes a rest
His fateful death her mind to the fore brings.

8. When the adult Jesus left his home
A martyr's mother Mary did become,
Far from her child, by his side remained
The sacrificial son her thoughts retained.

9. And when the bell was tolling to bereave
She quickly rose and hastily took her leave
At the feet of the cross she is called to be
She cannot from this suffering be set free.

10. Her son between two thieves was crucified
As mother for our protection she was given
The sword went much deeper than the words
Yet Mary her embrace did not withhold.

11. At the side of the Christ she is evermore
From New Year's day to the year's close,
Comfort to young and old she does restore
So Saints like Saint John they can become.

To Mary Immaculate

1. Mary Immaculate, Virgin Conception
Please extend to us your protection
And to my entire family, amen.

2. E pi decimila voti
nui ludamu la 'Mmaculata
e ludamula ogni ura
'Mmaculata, Cuncetta e pura.

Pi l'Addulurata

1. Oh di Diu Salva rigina
oh Matri 'Ddulurata
raccumannata sia l'anima mia
'na grazia vurria.

2. Vurria 'stu cori ingratu
firutu e trapassatu
cu la vostra santa spada.

3. La vita mia passata
di ddu miu grannu piccari
chiangiri e lacrimari
lu miu errori
piccari non vogghiu cchiu
chittostu morti datimi e cunfortu.

4. Quannu 'celu 'nchianati
cu st'arma priziusa
cci mmustra quant'è priziusa
quant'è putenti dicennu Matri climenti
sinu all'ultima ura non mi lassati.

5. Vaddatimi, vaddatimi
chi vui la matri siti,
si Vui vi 'mpigniriti
Diu a nui nni pirduna
pi mezzu di 'sta curuna che ricitamu
in paradisu la gloria spittamu.

6. Cu la dici tri voti la via
È 'mparadisu cu matri Maria,
cu la dici tri voti a la notti
è libiratu d'ogni mala morti.

2. For ten thousand times and more
Immaculate Mary with praises we adore
And every hour we offer adoration
To Mary, immaculate conception.

For the Sorrowful Lady

1. Of God you heavenly queen
Oh mother in grief immersed
By you my soul be possessed
And from you a favor granted.

2. This ungrateful heart is ready
To be wounded and impaled
By your very holy sword.

3. Throughout my whole life
With sinning I delighted,
Now with sorrow weeping
Of my sins I am repenting.
I no longer want to sin
Better dead and by you consoled.

4. When to heaven your body ascends
with the precious power you hold
Show its purity and its might
Mother forever hold me tight.

5. You must keep your eyes on me
As a mother watchful be,
If to us you are committed
God his pardon will provide
By this rosary that we recite
Glory we expect in paradise.

6. Who recites it three times a day
In high heaven with Mary will stay,
When at night three times is recited
From painful death one is released.

7. Cu pi quaranta jorna la dirà
peni 'infernu non nni patirà,
e cu la dici cu devozioni
ci dici un credu a so morti e Passioni.

Madonna di la Grazia

1. O Madonna di la Grazia
chi grazia porti grazia
unnu vui vegnu pi grazia
o Madonna fammi grazia.

2. Fammi grazia, o Maria
Chi ti fici lu Patri eternu
e ti fici la Matri di Diu
fammi grazia o Maria.

Maria di Munti Carmelu

1. Oh Maria du munti Carmelu
a vostru figghiu amati 'ncelu
e ludatu sempri sia
di lu Carmunu Maria.

A Matri di lu Carminu

1. 'Nta lu me pettu c'è na Gran Signura
la Matri di lu Carminu si chiama
biata cu lu merculi dijuna
Maria si lu scrivi pi mimoria.

2. A li divoti soi non li 'bbannuna
ci duna la paci cu l'eterna gloria,
e nui chi semu divoti di Maria
ci dicemu 'na Santa Ave Maria.

Tutta Bedda

1. Tutta bedda vistita di zelu

7. When for forty days is supplicated
From hell's pain one is liberated,
And who will proffer in sincere devotion
Prays a "credo" to his death and Passion.

Madonna of All Graces

1. Oh Madonna of all Graces
Be so gracious with my needs
Your assistance I beseech
Oh Madonna give us your grace.

2. Mary, your grace on me bestow
By the eternal father elected
Of our God the mother made
Grant your favors, oh dear Mary.

Mary of Mount Carmel

1. Of Mount Carmel Mary blest
To your son your love express
To our Lady our praises be
Of Mount Carmel Mary blest.

Our Mother of Mount Carmel

1. In my heart the great Lady abides
Mother of Mount Carmel is her name
Who Wednesday fasts her blessing will obtain
A record of this fast she will maintain.

2. She never her devoted folks forsakes
Peace and eternal glory she donates
We who for blessed Mary have devotion
An Ave Maria will pray in adoration.

So Lovely

1. So lovely and with devotion dressed

la Vergini Santa di munti Carmelu
si la prigamu 'ncelu nni 'nchiana
viva Maria la Carmilitana;
è tutta bedda vistita di zelu
la Vergini Santa di munti Carmelu.

Supra Lu Munti

1. Supra lu munti cumnpariu
cumpariu la matri pia
ci dicemmu a Sant'Elia
di lu Carmunu Maria.

2. Varda ch'è bella vistuta di zelu
la vergini Santa du munti Carmelu,
nui la prigammu 'ncelu nni chiama
viva Maria la Carmilitana.

A Madonna du Cammunu

1. Supra un munti cumpariu
tantu tempu alluntanatu
la Gan Matri di Diu
sci che bella la tunnata.

2. E lu patri Sant Elia
stabilia lu so cunventu
p'alligrizza la facia
di lu Cammunu Maria.

3. Maria Cammilitana
quanta grazia a nui ni duna,
ogni anima cristiana
vui assistiti, gran Signura.

4. E nni aiuta pi filici sorti
nni aiuta alla vita
e nni assisti alla morti,
e nni duna pa so bontà

Of Mount Carmel you are the Virgin blest
If we pray to you in heaven you reply
To Mary of Mount Carmel with love we cry
So lovely and with devotion dressed
Of Mount Carmel she is the virgin blessed.

Over the Mountain

1. Over the mountain in apparition
Of mother Mary we had a vision,
To Saint Elia was clearly revealed
That Mary of Mount Carmel had appeared.

2. See how in zeal so graciously she is dressed
Of Mount Carmel Holy virgin blest,
We pray to her and to heaven are entreated
Mary of Mount Carmel is by all revered.

To Mary of Mount Carmel

1. Over a mountain in apparition
She was seen so long ago,
Of our Lord she is the mother
How lovely she was seen.

2. Saint Elia then decided
And a convent he established,
For her joy it came to be
Of Mount Carmel our dear Mary.

3. Of Mount Carmel Mary blest
All your favors we confessed,
Many favours she bestows
Each soul whose trust's in Christ
oh Great Lady you assist.

4. She assists for a happy end
In my life she offers help
When we die by us she stands
In her goodness she donates

lu Paradisu e l'eternità.

5. Oh Maria la chiù abbundanti
la Rigina di tutti i santi,
i vostri divoti faciti cuntenti.

L'Abitinu

1. L'abitinu chi ti portu
è sicuru miu cunfortu,
e lu stimu miu tisoru
chiù d'argentu, gemmi e oru.

2. Da vui speru Gran Signura
la prumissa fatta allura,
a Simuni, vostru amatu.

3. Quannu l'abitu sacratu
prumittemmu certamenti,
si ssi porta piamenti
di scansarlu d'aspra lotta
in vita e dopu morti.

4. Lu sabutu chi veni
libirarla d'ogni peni
cu lu vostru zelu
e purtativilla in celu.

5. Via dunque, Virginedda Matri
figghia, spusa di la Trinitati
la mia offerta cunsulati
li me guai li viditi.

6. Dunque, sempri a mia assistiti
maggiormenti all'ura quannu
lu me sciatu sta spirannu
pi ottiniri la vittoria
la celesti eterna gloria.

7. Quantu allura iò gradissi

For eternity paradise.

5. Mary, the more generous of all
Of all saints you are the queen
Make your faithful so content.

The Small Dress

1. The small dress that I wear
Consolation is bestowing,
It's a treasure I behold
More than silver, gems or gold.

2. From our lady a promise hold
The one made in the days of old
To faithful Simon with your love.

3. When we made the solemn pledge
To put on this sacred garment
If with piety we are attired
From all struggles we have defense
in our life and after death.

4. On the Saturday that is ensuing
From all pains pray set her free
With your zeal that has no limit
Take her up to paradise.

5. Of the Trinity Virgin mother,
Faithful spouse and loving daughter,
To my offer give consolation
As you know my tribulation.

6. Mother, always give me aid
When our life is about to fade
And the last sigh we exude
As the final victory we claim
And eternal glory obtain.

7. At that time my heart will spring

e cu l'angiuli cantassi:
Viva! Viva! In armonia
la Gran Vergini Maria.

A Maria la Carmilitana

1. Maria di lu Carminu patruna
culonna di la fidi cristiana
tu si na granni stidda mattutina
pi mmenzu to 'ncelu si 'nchiana
i un'arca di la Santa Trinitatati
unni ci su Gesù, Giuseppi e Maria.

2. C'era un poviru chi dinari avia dari
ma era carceratu e non putia
so mugghieri ci livava lu mangiari
pi terra e pi mari si partia
sta donna si partia veramenti
pi unni era carciratu lu scuntenti.

3. Sta donna un picciriddu avia
di tri, quattr'anni, e su vosi purtari
chistu da barca la testa 'mpinnia
e 'nto mumentu lu vitti abbuccari.

4. Figghiu, davanti all'occhi ti vitti spariri
'nta l'acqua di lu mari ti vitti anniari
ora senza di tia comu aia fari?
la Matri di lu Carmunu cu fidi aia priari.

5. Allura sta donna di misi a piangiri
chiedennu a lu celu cunsulazioni
'na vuci sintiu 'nta lacrimi e suspiri:
chi hai surella mia chi piangi e gridi?

6. Haiu un maritu carceratu
e un figghiu avia e lu persi anniatu
bonu, surella mia, non piangiri
tutti li mercoledì è diunari
sta donna diunau cu tantu amuri

And with the angels I will sing:
Praise! Praise! In harmony
To the gracious virgin Mary.

Mary of Mount Carmel

1. Of Mount Carmel blessed lady
You are a pillar of the Christian faith,
As the morning star you glow
And through you to heaven we go,
You are an ark of the holy trinity
To Jesus and to Joseph are allied.

2. A poor man was heavily into debt
But was in jail and his dues could not pay,
His wife brought him food that she had cooked
By land and sea she travelled to her spouse
In truth, this woman made the lengthy trip
To bring the unhappy husband consolation.

3. With her a little son she took along
He was only three or fours years old
One day he leaned where it was not secure
He lost his balance and overboard he fell.

4. O son, I sadly saw you disappear
Drowning in the cold sea water, oh my dear
What can I do now that alone remain?
Mary of Mount Carmel's aid I must obtain.

5. Insistent was this woman's supplication
The heavens she implored for consolation,
Amidst her tears and sighs she heard a voice
My sister, why do you make such a crying noise?

6. I have a husband who has been arrested
And my son in the water is dead immersed
My sister, there is no need for you to weep
Every Wednesday a fast you have to keep;
With deepest love this woman kept her fast

e sintia lu so cori cunsulari.

7. Poi ci eru tanti piscaturi
chi ficiru gran forzu pi tirari,
tiraru tutti e tiraru la riti
cu figghiu vivu comu sintiriti.

8. Li marinari forti suspiraru
figghiu, comu 'nta l'acqua vivu risististi?
Maria di lu Carmunu m'ha aiutatu
a viviri e non moriri suffucatu.

9. Iddi cu cori tuttu cunsulatu
vardannu a so mamma senza scia
teni, ci dissuru, 'sti cent'unsi tu chi è dari
fa scarcirari all'afflittu to maritu,
l'autri ti li mangi pi la via
e prega pi nui la Vergini Maria.

O Maria di lu Tunnaru

1. O Maria di lu Tunnaru
siti bedda ma siti luntanu,
di luntanu bbi salutu
bedda Matri, datimu aiutu.

Madunnuzza du Tunnaru

1. O Madunnuzza du Tunnaru
datimi aiutu, cunsigghiu e riparu.

Madonna di Monserrato

1. O bedda Madonna di Muntisirratu
All'ura chi bbi chiamaiu mi vinistu
era sula e vui m'accumpagnastu
era all'uscuru e lustru mi facistu.

2. Lumeri di luci manni 'lluminati

And in her heart true peace she felt at last.

7. Then many fishers to the sea returned
With great strength the fishing nets retracted
They joined to pull hard from side to side
Because the woman's son was there inside.

8. The fishers were surprised to see him alive
How could you in the water so long survive?
Mary of Mount Carmel gave me protection
So I could live and not die of asphyxiation.

9. The fishermen were truly overjoyed
When they saw his mother so consoled,
We want you to take this money, please
And use it for your husband to release
With the rest you should buy food on the way
And to Mary of Carmel for us do pray.

Mary of Tindari

1. You of Tindari are Mary dear
You are lovely but not near,
From afar greetings I send
Gracious mother, your assistance lend.

Madonna of Tindari

1. Of Tindari dear Madonna
lend me help, counsel and protection.

Madonna of Monserrato

1. Beautiful Madonna of Monserrato
Whenever I called you were by my side
If I am alone next to me you abide
When in the dark you so brightly shine.

2. Your lighted lamps brighten our day

puru li serbi cuntenti facistu,
cuntenta si tu Matri Maria
e pi mimoria vi dicu un' Ave Maria.

A Madonna du Rusariu

1. Oh di Diu salvirigina
oh Maria di lu Rusariu
di divinazioni e tisurera
accittati 'sta prighera.

2. O Matri nostra avanti nui
risunanti a Vui ricurremu
pintiri nni vulemu
di li nostri piccati.

3. A vostru Figghiu prigati e uttiniti
vui beni lu sapiti
ch'incelu c'è grandi amuri
pi nujautri piccaturi.

4. Nasciu e ppoi muriu
e quannu risurgiu
cuntentu e gluriusu
mustrò quantu è amurusu.

5. E Vui Matri climenti
o virginella pura
finu all'ultima ura
non vi scurdati quant'è putenti.

6. Patiu peni e turmenti
la cruci di la menti,
Gesù incurunatu
nasciu 'nto beddu statu.

7. Pi menzu di la curuna
chi nui recitamu
a gloria spriamu 'mparadisu,
in paradisu sia viva

To the servants happiness you gave
And helping us, oh Mary, gives you joy
In thanksgiving an Ave Maria we pray.

Madonna of the Rosary

1. Of God heavenly queen
Of the rosary holy mother
Who in heaven power sway
Please accept the prayer we say.

2. Dear Mary, in your presence
We approach but not in silence
Our intention is to repent
Of the sins we have committed.

3. From your son with prayer obtain
That his pardon we may gain,
Love in heaven is expressed
For all those who have transgressed.

4. Born of Mary death endured
From the dead he then was raised
In his glory now content
Showed his love for all of us.

5. And you of mercy mother
Oh young Mary virgin pure
Now and forevermore
Don't forget his awesome power.

6. Suffered pain in excruciation
Crucified in lamentation
Jesus crowned as king forlorn
Now in heaven has been reborn.

7. By the power of the rosary
That we faithfully recite
Glory in heaven we will gain
And in heaven praise is given

Gesù Giuseppi e Maria.

O Maria di lu Rusariu

1. O Maria di lu Rusariu
amatissima Rigina
bi prisentu 'stu Rusariu
chi nni tissimu 'stasira.

2. E si mancamentu c'è
oh Maria m'è pirdunari,
e Maria rispunni e dici:
u Rusariu no lassari.

3. Chi ddu tempu chi tu hai persu
ti lu fazzu guadagnari,
quannu è ura di lu trapassari
mannu l'angiulu e ti fazzu accumpagnari.

Matri di lu Rusariu

1. Siti vui la gran Signura
nostra matri e avvucata 'ntra Gesù
vitti 'na rosa priziusa e un gigghiu
sia biniditta la Matri e lu Figghiu.

2. Oh Matri di lu Rusariu,
datimi grazia e cunsigghiu;
oh Matri du Verbu Eternu,
libiratimi di li peni di l'infernu.

Iemu a lu Rusariu

1. Iemu a lu rusariu chi sona
annamu tutti e non nni resta una
iemu unni Maria stillariana.

2. dda ci presintamu la curuna
e quannu st'arma 'mparadisu 'nchiana
Maria di lu rusariu è la patruna.

To Jesus, Joseph and to Mary.

Mary of the Rosary

1. Of the rosary dear Mary
Oh my most beloved queen,
To you this rosary we present
That tonight we have recited.

2. If in us you find defect
Your forgiveness we implore
She responded in reply
The holy rosary don't forget.

3. The time you spend reciting
In the end you will be gaining
When it's time for you to die
My holy angels will be nigh.

Mother of the Rosary

1. Of heaven you are our grand lady
With Jesus our defender you have been
I saw a precious rose and a white lily
Mother and son for ever blessed be.

2. Oh dear mother of the Rosary
Give me council and your favor grant
Oh mother of the Word who is incarnate
From the pains of hell please liberate.

For the Rosary We Go

1. The bells are calling the rosary to recite
We must all go, no one can stay behind
Mary queen of stars we go to visit.

2. There we will offer her the Crown
And when my soul to heaven is recalled
Mary of the Rosary my soul will own.

U Rusariu di Nostri Nonni

Misteri Gaudiosi

1. Diu ti manna 'na 'mbasciata
chi dill'Angiulu è purtata,
di li Figghiu, di lu Patri
già Maria s'è fatta Matri.

2. O gran Vergini Maria
mi consolu assai cu tia.

3. Ti partisti cu gran fretta
pi la casa di Lisabetta,
San Giuvanni unn'era natu
e fu da Diu sacrificatu.
Ripititi a secunna strofa.

4. Nta 'na povira manciatura
parturiu la gran Signura,
'mmenzu a lu voi e l'asineddu
Nasciu Gesù lu Bammineddu.
Ripititi a secunna strofa.

5. Comu l'autri fimmineddi
piccaturi e povireddi,
a lu tempiu ti nni jsti
e Diu lu Figghiu ci offristi.
Ripititi a secunna strofa.

6. A Gesuzzu lu pirdistivu
lu circastivu, lu truvastivu
chi 'nsignava la duttrina
cu mudestia divina
Ripititi a secunna strofa.

The Rosary of Our Grandmothers

Joyful Mysteries

1. God to Mary a message sent
For delivery the angel went
Of the son and of the father
Mary would become the mother.

2. Oh great Mary virgin pure
In you I have console for sure.

3. In a hurry you departed
For Elizabeth's own home,
In her womb Saint John resided
And by God was sacrificed.
Repeat the second stanza.

4. In a manger dark and cold
Gave birth our great lady
Between a donkey and an ox
Our dear baby had his birth.
Repeat the second stanza.

5. As the other women did
Though sinners and indigent
To the temple in time you went
To God Jesus to present.
Repeat the second stanza.

6. In the temple your son was lost
But you searched until was found
He was teaching theology
With his divine modesty.
Repeat the second stanza.

Misteri Dolorosi

1. Gesù all'ortu si disponi
pi ir'a fari orazioni,
e pinsannu a lu piccatu
sangu virgini ha sudatu.

2. O gran Vergini Maria
a to pena è ancora mia.

3. Quannu a Gesù lu pigghiaru
lu spugghiaru, l'attaccaru,
li so carni flagellati
cu semila vastunati.
Ripititi a secunna strofa.

4. Re di burla è 'ncurunatu
cu na canna è sbriugnatu,
gran duluri 'ntesta prova
foru spini comu chiova.
Ripititi a secunna strofa.

5. A la morti fu cunnannatu
comu latru scilliratu,
la so cruci allegru porta
nuddu c'è chi lu cunforta.
Ripititi a secunna strofa.

6. A la vista di la Matri
crucifissu è tra du latri,
mori a forza di duluri
lu me caru Ridinturi.
Ripititi secunna strofa.

Misteri Gloriosi

1. Cristu già risuscitatu
di la morti triunfau,
cumu un re ch'è triunfanti
scarcirau li patri santi.

Sorrowful Mysteries

1. In the garden Jesus went
For his prayers to recite
On our sinfulness meditated
And virgin blood then he sweated.

2. O great Mary virgin pure
I share the pain you did endure.

3. When by guards he was arrested
He was attacked and undressed,
His pure flesh was cruelly beaten
With six thousand lashes he was stricken.
Repeat the second stanza.

4. As king for farce invested
He was mocked when arrested,
In his head pain tolerated
As like nails thorns penetrated.
Repeat the second stanza.

5. To painful death he was condemned
Like an unrepentant thief
His cross carried without protest
Lone was left and without console.
Repeat the second stanza.

6. Of his mother in full sight
Between thieves was crucified,
For the pain he passed away
My Redeemer to whom I pray.
Repeat the second stanza

Glorious Mysteries

1. When the Christ rose from the dead
Over death his triumph had
As a true triumphant king
All the saints he set free.

2. O gran Vergini Maria
mi rallegru assai cu tia.

3. Doppu pò quaranta iorna
Gesù Cristu 'ncelu torna
e Maria cu li so amici
si l'abbraccia e binidici.
Ripititi a secunna strofa.

4. Deci jorna pò passau
e l'Apostuli priaru
cu Maria chi li mantinni
e lu Spiritu Santu Vinni.
Ripititi a secunna strofa.

5. Vinni l'ura di partiri
Maria 'ncelu ivu a gudiri,
o chi bedda sorti fu
mori 'mbrazza di Gesù.
Ripititi a secunna strofa.

6. Maria 'ncelu triunfau
'n'arma e 'ncorpu 'ncelu intrau,
'ncurunata fu Rigina
di la Trinità Divina.
Ripititi a secunna strofa.

O Maria, Sti Pochi Sciuri

1. O Maria, sti pochi sciuri
v'offrisci lu me cori,
non su comu meritati
pi la vostra Maistati.

2. Si su russi sculuruti
lu bon cori vui accittati,
nui li damu 'nterra a vui
'ncelu poi li dati a nnui.

3. Vui chi siti Matri vera

2. Blessed Mary whom I adore
With you I rejoice for evermore.

3. Forty days beyond his rising
To high heaven he ascended
Mary with her friends united
Many blessings to Jesus provided.
Repeat the second stanza.

4. Ten days following the ascension
the apostles prayed for consolation,
with them Mary did the same
And the holy spirit came.
Repeat the second stanza.

5. The hour came for departing
Mary in heaven went rejoicing,
And her end was like a fest
In Jesus's arms to die and rest.
Repeat the second stanza.

6. To heaven Mary went with success
With soul and body gained access,
She was crowned in heaven queen
Of the most holy trinity.
Repeat the second stanza.

These Few Blooms

1. These few blooms that I present
From my grateful heart are sent,
Not because I am deserving
To your majesty are given.

2. If they are red in color faded
Please accept my good intention,
To you on earth they are donated
To us in heaven will be returned.

3. You who are our mother sweet

uffriti a Diu 'sta prighera,
chi facemu ora a vui
e a Gesù natu pi nui.

4. O Maria, Matri bedda
suli, luna, aurora e stidda,
biancu gigliu e vaga rosa
di Diu figghiu Matri e Spusa.

5. Benignissima Maria
chiara luci e vera via
di nui cechi piccaturi
cumpatiti i nostri erruri.

6. E cu duci e santu visu
apritici li porti di lu Santu Paradisu.

Viva Maria

1. Viva Maria, tutta splinduri
cchiù ti vaddu e cchiù bedda mi pari
siti la matri di li piccaturi.

2. Maria, vulissi amata e voi amari
o piccaturi come nulla senti
Maria ti chiama e tu non passi avanti
se voi campari a 'stu munnu cuntentu
devi amari Maria specchiu diamanti.

3. Specchiu di la divina onniputenza
speranza di la fidi cristiana,
haju giratu finu a lu livanti
e puramenti finu a Lumbardia
e haiu vistu sì donni galanti
ma chiù billizzi li porta Maria.

4. L'eternu Patri quantu fu cuntentu
Càn paradisu vinni Maria,
la 'ncurunaru l'anciuli e li santi
lu paradisu è na monarchia.

To God offer our entreat,
That we make with sincere love
To you and Jesus born above.

4. Blessed Mary, gracious mother
Son and moon, dawn and star,
Lily white and dainty rose
of God and son mother and spouse.

5. Mary full of mercy and grace
Brightest light and guiding star
We in blindness transgress
Grants us your forgiveness.

6. With your sweet and holy smile
The doors of heaven open wide.

Praise to Mary

1. Praise to Mary in splendor draped
The more I look, the lovelier you appear
You mother to the sinners are so near.

2. Mary you must be loved and loving you I need,
Oh sinner who instruction fails to heed
Mary summons but you do not respond
If in this life for happiness you quest
You must love Mary, our brightest gem.

3. Mirror of divine omnipotence
Hope of our unfailing Christian faith
I have traveled all the way to the East
And even as far north as Lombardy
Of gallant women scores I did admire
But none to Mary's beauty can compare.

4. The eternal father with joy was overwhelmed
When Mary back to heaven did ascend
By angels and by saints she was enthroned
And paradise in monarchy was transformed.

5. Vi dicu bona sira a tutti quanti
vi lassu cu la paci di Maria
vi lassu cu Maria e li so santi
in cielo mi li godinu in cumpagnia;
e in paradisu ci stannu li santi
e nui 'nterra viniramu Maria.

Gesù Miu, Gesù Miu

1. Gesù miu, Gesù miu
sci! Ch'è bedda la matri di Diu,
e lu iornu di lu giudiziu
sacratissima Rigina
accittati lu rusariu
chi bi dissumu stasira,
e si mancamentu c'è
vui m'aviti a pirdunari.

2. E Maria rispunni e dici:
mancamentu non ci dari
chi lu tempu chi ci persi
ti lu fazzu guadagnari,
e lu iornu di lu giudiziu
Iò ti fazzu pirdunari,
o Maria non mi mancari
o Maria non mi mancari.

Maruzzedda

1. Maruzzedda, Maruzzedda,
ci cunzamu 'a buffittedda,
cca c'è pani cca c'è vinu
cca c'è suppa di Bamminu;
San Micheli riddi, riddi
viva Diu e i picciriddi.

2. Lu Bamminu nun mancia suppa
chi ci ardi la buccuzza,
 la buccuzza è china 'i meli
via Diu e San Micheli

5. Goodnight I wish to all in company
I leave with you the peace of blessed Mary
I leave you with Mary and all the saints
And in heaven all of you will be delighted.
In heaven all the saints have their station
On earth Mary has our veneration.

My Jesus, My Jesus

1. My dear Lord, Lord my dear
How lovely is the mother of God,
On the day of our judgment
Holy queen, Oh blessed mother
Please accept this rosary
That tonight we have recited
If we did some transgression
Your pardon seek in adoration.

2. Mary then replied and said
Your time was not spent in vain
And the time that you have lost
I will help you to regain
And the day of your judgment
A full pardon I will grant
Mary don't abandon me,
Mary don't abandon me.

Young Mary

1. Oh Young Mary, Oh young Mary
For you the table is now ready
There is bread and there is wine
And there is soup for the child divine.
And Saint Michael has a laugh
Hail to God and the little ones.

2. The child doesn't want the soup
Because his mouth has been scalded
His mouth with honey is replete
God and Saint Michael we entreat

3. I picciriddi sùdd'a chiesa
chi pregunu a Santa Tiresa,
Santa Tiresa è 'ginucchiuni
pi prigari u nustru Signuri.

4. Nostru Signuri è 'nchianatu 'n celu
pi sunari tri campani,
i tri campani sù sunati
viva Diu e l'eternitati.

Salvi Rigina

1. Salvi Rigina, Matri i misericordia
vita, ducizza, nostra cuntintizza,
spiranza chi teni, 'nte vai e 'nte peni
a te riccurremu quannu ciancemu
'nta atu munnu affrittu circamu cunfortu.

2. Ora dunca nostra avvocata
Vergini Matri 'Ddulurata
preja pi nui l'Onnipotenti
chi nui non putemu nenti
du paradisu aprimi i porti
quannu nni veni e chiama la morti
Accussissia.

Salutu a Maria

1. Vi salutu, o gran Signura
tutta bedda e tutta pura
di tutti aviti cura
e di mia in particulari.

2. Non m'aviti abbannunari
iò vi dicu n'avi Maria
ricurdativi di mia.

3. The little ones in the church abide
To Saint Theresa a prayer recite
Saint Theresa is genuflected
To the Lord her prayers directed.

4. Our Lord to heaven has risen
To three bells the sound has given
And the bells did resonate
For evermore God be praised.

Praise to the Queen of Heaven

1. Hail to you Mary, mother of mercy
Life, sweetness, and spring of joy
In you we trust when in trouble or pain
To you we come when we are in tears
In affliction your comfort we obtain.

2. Hear our pleas, our sweet defender
Virgin mother with all sorrow laden
To our God your prayers   direct
Because our actions have no effect
The door of paradise open to all
When death for comes to call
Amen.

Greeting to Mary

1. Oh great Lady, I come a-greeting
You are lovely and you are pure
You take care of everyone
and of me especially

2. You must never abandon me
A Hail Mary I will recite
Keep me always in your sight.

V. PRAYERS TO THE SAINTS – PRIGHERI PI SANTI

This section contains a collection of mostly short prayers to various saints, with the exception of a long prayer to saint Joseph. Here we see again a close human relationship between a saint and his/her devotee. These saints seem to have been viewed as human beings in heaven, therefore, fully capable of understanding the trials and tribulations of the suffering people on earth.

From these prayers also emerges a notion of a bureaucratic structure in heaven, with the Trinity in charge, but willing to delegate certain responsibilities. Mary is the more direct interceder and then there is Saint Joseph who, as putative father, can plead to Jesus directly. Mary and Joseph also seem to have plenary powers over various areas. The saints, on the other hand, have a more specialized role, each being in charge of specific areas.

Santa Barbara

1. Santa Barbara non durmiti
chi li celi sunnu aperti,
i cannili su ddumati
i nostri carni su battiati,
Santa Barbara aviti pietati
Ripittiti 5 voti cu l'Avi Maria.

San Nicola

1. Pruvvidenza e bona nova
stasira non ava passari
chi nn'aviti a cunsulari.

Prighera a San Brasi

1. Su San Brasi prutitturi
di la ula e cannarozza
grazi fazzu quannu pozzu
a cu prega cu firvuri.

1. Su San Brasi prutitturi
di li staddi e bivarizzi

Prayer to Saint Barbara

1. Santa Barbara stay awake
For the heavens are open wide
Our candles have been lighted
And our flesh has been baptized
Santa Barbara have pity on us.
Repeat 5 times with an Ave Maria.

Saint Nicholas

1. Good news send our way
We cannot endure this day
Your console to us must grant.

Prayer to Saint Blaise

1. I am Blaise protector Saint
Of the throat and vocal cords,
I give aid when I can help
To those who pray with fervor.

2. I am Blaise protector Saint
Of the stables and watering holes

scanzu puru i ffuarizzi
a cu iavi fidi e amuri.

3. Su San Brasi prutitturi
di cu fa li vucalizzi
ma si chiovi o si fa brizzi
s'a vaddari di fridduri.

4. Sugnu si lu prutitturi
grazii fazzu, non favuri.

S. Giuseppi Puru e Santu

1. San Giuseppi puru e Santu
'mbraccia purtava lu Spiritu Santu
e purtastu Maria in Egittu,
cunsulati 'stu cori afflittu.

2. 'Nta li bisogni e li nicissitati
S. Giusippuzzu nonn'abbannunati.
Viva Gesù, Giuseppe e Maria
lu nostru cori cunsulatu sia.

Rusariu 'i S. Giuseppi

1. San Giuseppi chi fustu lu Patri
e fustu vergini com'a la Matri,
Maria è la rosa, Giuseppi è lu gigghiu
datimi aiutu, riparu e cunsigghiu.

2. E pi decimila voti
nui ludamu a San Giuseppi
e ludamulu tutti l'uri
picchi è patri du nostru Signuri.

3. Comu mannastu Maria 'n Agittu
cunsulati lu ma cori affrittu,
e cunsulatimmillu a mia
comu figghiu di Mari.
Ripititi a secunna strofa.

People I protect from choking
If they are full of faith and love.

3. I am Blaise protector Saint
Of all people in their speech
When it drizzles or it rains
From the chill avoid the pain.

4. Your protector I am indeed
My grace I give, but favours no.

Saint Joseph Pure and Holy

1. Dear Saint Joseph, so pure and holy
The Holy Spirit on your shoulders conveyed
And to Egypt with Mary you went,
To my afflicted heart give your console.

2. In all our needs and necessities of life
Dear Saint Joseph, never forsake us.
In Jesus and Joseph, and the blessed Mary
Our heart consolation may obtain.

Rosary to Saint Joseph

1. Dear Saint Joseph, who a father became
Virgin like Mary, just the same,
A white lily while Mary is a rose
Give me your help, shelter and repose.

2. Ten thousand times our prayers shall hear
As we give our thanks to Joseph so dear,
We give him thanks and praises we sing
Because he is father of Jesus our king.

3. As you sent Mary to safety in Egypt
Give console to my heart that's afflicted,
Consolation to my heart you shall be
Because blessed Mary is mother to me.
Repeat the second stanza.

4. Gesù Giuseppi e Maria
'lluminatimi, succurritimi, sarbatimi. Amen.

5. Loria Patri, a lu Figghiu e u li Spiritu Santu
comu sempri è statu, accussì sarà
pi tutta quanta l'eternità.

Prighera a S. Giuseppi duranti la Prima Guerra Mondiali

1. Onnipotenti Diu, Summu Fatturi
vi preiu non n'aviti abbannunari,
quantu ci tegnu chi poveri e signuri
a S. Giuseppi tutti annu a prigari.

2. Ognunu prega lu so prutitturi
e a S. Giuseppi cchiù particulari,
siccomu è patri di l'Onniputenti
d'avvucatu nni fà giurnalmenti.

3. Povira umanità, povira genti
vui S. Giuseppi l'aviti aiutari,
pi vidiri 'nsaluti novamenti
li famigghi l'ata cunsulari.

4. Priati a vostru Figghiu Onniputenti
pi calmari prestu 'sta guerra,
cu li vostri prigheri l'aviti stutari
comu Patri vui sapiti cat'affari.

5. Cari signuri mei, uniti a S. Giuseppi
tutti a Diu ama prigari,
notti e ghiornu prigheri faciti
si li surdati vuliti scansati.

6. 'Nta l'abitu u Santu vi mintiti
'nta tutti i punti unni siti aiutati,
e cu porta 'stu Santu di frequenti
è scansatu di tutti l'accidenti.

7. L'aviti 'ntisu tutti? Stati attenti

4. Jesus, Joseph and Mary
Give me wisdom, assistance and safety. Amen.

5. Glory to the Father, to the Son and to the Holy Spirit
As ever has been, and ever shall be
For the entire eternity.

Prayer to Saint Joseph During the First World War

1. O God omnipotent, sublime creator
That you will not forsake us we beseech
All folks I urge, be they so poor or rich
Saint Joseph with their prayers to implore.

2. To our protector saints we must pray
But to Saint Joseph in a particular way
Because of God omnipotent he is father
Our supplications daily he will gather.

3. Oh poor humanity, Oh nations in distress
Dear Saint Joseph your help we must access,
So that peace and order be restored
I pray that all families be consoled.

4. To your son omnipotent your prayers send
To bring this cursed war to a rapid end,
It can be stopped with prayers to your son
As a father you know what needs to be done.

5. With Saint Joseph friends we all pray
To God our prayers we send without delay
We pray for God's protection night and day
For our soldiers who are now in harm's way.

6. In your uniform the saint's image place
And everywhere you need to have his grace,
Whosoever holds his image frequently
The Saint's protection receives with certainty.

7. Have you all heard, attention have you paid

sti quattru versi tutti cunsunanti
non su pi scherzu, ma su veramenti
chi di tempi sunnu bisugnusi.

8. Priamu cu cori lu Patri Onniputenti
pi fari calmari 'sta guerra 'mpurtanti
e libirari a tutti li surdati
e darici aiutu a schetti e maritati.

9. Cu buntati notti e ghiornu lu prigati
mi prega Iddu a Diu Patri e Signuri,
dicitici: Figghiu miu, pi caritati
'nta l'Italia leva 'stu tirruri.

10. Patri non fati rumuri
zzò c'aia fari iò Vui no sapiti
chi li bistemmi sunnu infiniti.

11. Dici San Giuseppi: Figghiu
pi quantu hai li firiti
chi li to carni erunu 'ncaiati
così tanti famigghi Tu li vidi
sunnu tutti pari addulurati.

12. E mugghieri ci mancunu i mariti,
a li suruzzi ci mancunu li frati,
u Figghiu ci rispunniu:Patri da Divinità
s'ava pigghiari tempu comu và.

13. Figghiu, ti preiu pi la to buntà
pi quann'avisti gran cumbattimenti
iavi assai chi si sentunu
suspiri e gran lamenti,
'nte paisi, 'nte burgati e 'nte città
si vidunu mancari tanta genti.

14. Figghiu ti preiu pi lu to patiri
'sta guerra prestu iavi a finiri,
Patri è giustu chiddu chi mi dici
ma lu me cori è tantu straziatu

These four verses that in rhyme were made
They are not for fun, they are requirements
To seek protection in these tragic events.

8. With all our hearts Almighty God implore
That he will put an end to this cruel war
To all combatants freedom may restore
To single ones and those who spouses adore.

9. To our dear Saint without respite we pray
Our prayers to God our Lord he will relay
He will tell him: my son please show mercy
And from this terror keep safe all Italy.

10. Father I don't want your imploration
You need not be aware of my full action
Because of excessive cursing in the nation.

11. Our dear Saint replied: my son so pure
For all the wounds that you have to endure
And for your flesh mortified by sores
Remember that there are families in scores
Who suffer in affliction and distress.

12. Women without husbands have been left,
Young sisters of their brothers are bereft,
The son replied: father of the divinity
Events must unfold as they ought to be.

13. To your goodness, son, my prayers I direct
And to the struggles with which you were afflicted
It is a long time that we have given attention
To the people's cries and their lamentation,
In towns, villages, and cities of all size
The population is in great decline.

14. Son I pray to you for your suffering
To this war please give an early ending
Father, what you say is quite correct
And my heart with deep wounds is left

pi tanti suffirenzi chi patunu i surdati.

15. Lu nostru Re è sulu lu Signuri
iddu è l'unicu nostru Salvaturi,
a San Giuseppi cu cori priati
chi cunsola li boni e li malati
e si aviti vera fidi e lu chiamati
cuncedi tuttu chiddu chi vuliti.

16. Perciò l'aviti 'ntisu mei signuri
S. Giuseppi l'ava riscattari,
ma vui 'ncoddu l'ata purtari
mentri campati
mai d'Iddu v'ata scurdari.

17. E pinsati pi tutti ddi criaturi
chi sunnu d'aiutu bisugnusi,
prigamu a S. Giuseppi nostru prutitturi
chi so Figghiu Gesù 'nnava salvari.

Prighera a San Franciscu 'i Paola

1. Santu Padri miu dilettu
viniti a casa chi v'aspettu
viniti a cunsularimi
Santu Patri aiutatimi
e lu me cori cunsulati.

S. Antoniu

1. S. Antoniu miu biatu
siti riccu e cunsulatu
a curuna chi purtati a lu latu
vi l'ha data la Matri di Diu.

2. Fammi 'sta grazia, Antoniu miu
falla prestu e non tardari
sì un Santu e la poi fari.

For the soldiers who such pains endure.

15. Our Lord is the only king supreme
Our poor soul one day he will redeem,
Saint Joseph with our heart we must implore
In sickness and in health he gives console,
And if with faith your faith is magnified
Your needs by him will all be satisfied.

16. My friends, you have all heard about my aim
Saint Joseph all the soldiers will reclaim,
But on your shoulders he must always be borne
And never in your life left forlorn.

17. Think of all the poor people in the nation
Who are in need of friendly consolation
To our Saint we offer supplication
So that his son will grant us his salvation.

Prayer to Saint Francis of Paola

1. O Holy Father, beloved saint
Come to my home that I am in wait
Come and bring me consolation
O Holy Father, by me abide
And to my heart solace provide.

Saint Anthony

1. Dear Saint Anthony ever blest
You are rich and well consoled
The crown that on your side has rest
By God's mother to you was given.

2. Grant this favour, Saint Anthony mine
Grant it hastily and do not delay
You are a saint and can have your way.

Sant'Antuninu

1. Sant'Antuninu quann'era malatu
tutti li santi lu ieru a vidiri
a Madunnuzza cci purtò un granatu
S. Giusippuzzu ddu puma gintili:
te cca, ci dissunu, saniti malatu
ch'in Paradisu nn'avemu a vidiri.

2. Ch'in Paradisu c'è 'na funtanedda
chi cala iacqua frisca e tantu bedda,
chi cala acqua di rosi e di sciuri
chi s'innamurò u nostru Signuri,
calaru l'angiuleddi cu la parma
chiddi chi 'ncurunaru la Madonna.

Nuvena 'i S. Giovanni

1. Novi sunnu l'animi dicullati
tri 'mpisi, tri uccisi, tri 'nnjati,
quannu tutti novi vi uniti
avanti i S. Giuvanni vi 'nn'annati.

2. E tantu lu priati
e tantu lu stringiti
'nfina ca San Giuvanni
vi fà la carità.

3. Pi la nostra decullazioni
datimi aiutu e cunsulazioni,
e pi la vostra santitati
scupriti la viritati.
Ripititi a secunna strofa.

4. S'è pi beni faciti sintiri
un friscu, un cantu, un sonu,
s'è pi mali, cancia tonu.
Ripititi a secunna strofa.

5. Pi la scala chinchianastu

To Saint Anthony

1. When Saint Anthony was ailing
All the saints went a visiting,
Mary brought him pomegranates
And Saint Joseph tender apples:
These your health will now restore
In heaven we will meet for evermore.

2. A lovely spring in heaven can be found
Which gives water that is very clean
With roses and with blooms the water is imbued
For which became enamored our Lord
With fronds of palm the angels then descended
The same that dear Mary's crown had tended.

Novena to Saint John

1. Nine are the souls with their heads removed
Three hanged, three murdered, three drowned,
When all nine of you do congregate
Of Saint John you gather at the gate.

2. The holy saint with ardor supplicate
Close to your heart the holy saint embrace
Until his favor to you he will donate.

3. For our cruel situation
Give us help and consolation,
On account of your holiness
The full truth we must confess.
Repeat the second stanza.

4. For good news let us hear
A whistle, a sound or a song,
For bad news, change the tune.
Repeat the second stanza.

5. For the stairs you had to ascend
For the rooster that daily crows

pi lu jaddu chi vi cantau,
la bona nova purtau.
Ripititi a secunna strofa.

6. Potti battennu,
campani sunannu frisca friscannu,
tannu mi nni vaiu di ccà
quannu S. Giuvanni mi fa la carità.
Ripititi a secunna strofa.

Matri Sant'Anna

1. Matri Sant'Anna, Matri Sant'Anna
aviti 'na figghia chi 'ncelu cumanna,
e pi la sua Santa purità
facitimi 'sta grazia, pi carità.

San Duminicu

1. St'Ave Maria e 'sti Patrinostra
e stu rusariu chi cantamu
a S. Duminicu ci lu damu
a S. Duminicu ci l'uffremu
l'affidu a vui Vergini Maria.

2. Ci lu presenta a la Matri di Diu
la Matri di Diu è Santa e pura
e m'assisti all'ultima ura
quannu è ura di la morti.

San Cocimu e Damiano

1. San Cocimu e Damianu
siti medici suprani
puttati unguentu e medicina
e nni sanati a matina.

Good news only were delivered.
Repeat the second stanza.

6. Whether knocking at the door
Ringing bells or whistling tunes
From this place I will not go
Until Saint John his favor bestows.
Repeat the second stanza.

Mother Saint Ann

1. Mother Saint Ann, mother Saint Ann
You have a daughter who rules in heaven
In honor of her spotless innocence
Grant me this grace just for your love.

Saint Dominic

1. This Hail Mary and Our Father
And this rosary that we sing
To Saint Dominic we give
To Saint Dominic we offer.

2. He will present them to the Mother of God
God's mother is Holy and she is pure
In my last hour he gives assistance
When the time of my death is near
In you Virgin Mary my trust I place.

Saint Cosimo and Damiano

1. Dear Saints Cosimo and Damiano
You are doctors so renowned
Bring me lotions and medications,
And in the morning I will be healed.

VI. MISCELLANEAUS PRAYERS – DIVERSI PRIGHERI

This section contains a variety of prayers that did not fit neatly into the other categories. They are mostly short and without a uniform structure or rhyming scheme. Some of these prayers focus on repentance and the remission of sins. Others are quite specific in their requests for help. For example, in the *Early Morning Prayer* the request is for daily bread, money, and protection from wicked people. In the *Prayer*, which is really dedicated to Saint Lucy, there is a request for plucking the eyes of one's enemies. This collection also includes a lyric tribute to God the Creator, which extols God's love as is expressed in his creations on earth.

Diu Fici un Giardinu

1. Diu fici un giardinu cu sò talentu
tuttu lu firriò di puntu a puntu
lu fici beddu senza mancamentu
pi non patiri nui qualchi strapuntu.

2. Diu quannu mi chiama mi spaventu
a iricci davanti iò m'affruntu
oh! chi ci livirò pi pagamentu
quannu è ura di rinniricci cuntu.

Vai Alla Missa

1. Vai alla missa e stai vigilanti
prega a Diu e a li santi,
non ghiri cu pinseri stravaganti
sinò la missa non ti giuva nenti.

2. Quannu cunsacra calunu li santi
cala lu paradisu allegramenti
cala lu Signuruzzu avanti avanti
cu sonu di chitarra e di strumenti.

God Made a Garden

1. With his power a garden God constructed
From corner to corner later he inspected,
He made it beautiful and free of defect
So that without mishaps we would delect.

2. When God calls in awe I stand
To be in front of him I am mortified
What can I bring for my sins in payment
When it is time for my record to present?

Go to Mass

1. Go to mass and watchful stay
To God and to the Saints you must pray,
Keep your thoughts pure and plain
Or from the Mass you will have no gain.

2. At consecration all came down the saints
The heavens too in happiness descended
The Lord comes in slow movements
With sounds of the guitar and instruments.

Palummedda

1. Palummedda ianca ianca
chi purtati 'nta sta lampa?
portu ogghiu binidittu
battiamu a Gesù Cristu.

2. Gesù Cristu è battiatu
tuttu lu munnu è illuminatu
illuminatu di cosa vera
o Maria grazia vera.

O Signuruzzu

1. O Signuruzzu chiuviti, chiuviti
chi l'angiuleddi morunu di siti,
e mannatinni una bona
senza lampi e senza trona.

Nta Stu Fonti

1. Nta stu fonti mi calai
acqua santa iò pigghiai
si ci fussi pintimentu
chiamu a Diu lu Sacramentu.

Iò Trasu

1. Iò trasu 'nta cresia maggiuri
pi farimi lu santu giubiliu
vatinni fora piccatu murtali
lassimi diri li cosi di Diu.

2. Mi pigghiu l'acqua
la mentu a lu visu,
pirdunatimi Diu
chi vi haiu uffisu.

Young Dove

1. Oh young dove so pearly white
What do you carry in that lamp?
Blessed oil in it I bring
  For dear Jesus christening.

2. Jesus Christ has been baptized
The whole world is shining bright
Truly shining with enlightenment
Blessed Mary, true resplendent.

To the Dear Lord

1. Dear Lord send us some rain
For the angels are dying of thirst
Send a steady precipitation
Free of thunder and fulmination.

In This Spring

1. To this spring I came down
Holy water to collect
God implore for the Sacrament.

I Enter

1. I enter the most important church
To celebrate the holy jubilee
Mortal sin get out of my soul
So God's words in penance I recite.

2. I take some holy water
And sprinkle on my face
Have mercy my dear God
For I have offended you.

Prighera da Prima Matinata

1. Cull'anciulu mi levu la matina
o me Signuri vi vegnu adurari,
vù siti figghiu di chidda Rigina.

2. Di quattru cosi m'aviti a scansari:
di mali genti, di mali vicini
fausi testimoni e d'ogni mali.

3. O Gesù miu, duci di cori
non mi fati mancari pani e dinari,
quannu mi mettu e pigghiu lu survizzu
vui Matri marè datimi 'ndrizzu.

Prighera

1. A li quattru cantuneri
c'è l'Arcangiulu Gabrieli,
quattru pani, quattru pisci
'sta casa mi s'abbunnisci.

2. Veni Lucia, veni Santa Lucia
l'anima mia è raccumannata,
caccici l'occhi a cu mali mi vulja
'nta sta casa c'è l'anciulu Santu,
lu Patri Eternu e lu Spiritu Santu.

Lu Sonnu

1. Lu sonnu veni di muntata
'ddurmiscitulu vui Matri 'Mmaculata
lu sonnu veni di pinnina
dummiscitilu vui Santa Catarina.

2. Lu sonnu veni chianu, chianu
'ddurmiscituli vui Santu Bastianu
lu sonnu veni di dda susu
'ddurmiscitilu vui Patri amurusu

Early Morning Prayer

1. With angels in the morn I do awake,
My Lord I come to offer adoration
You are the son of our blessed queen.

2. Your protection is needed for four things:
Wicked people, neighbors who do harm,
False witnesses and evil of all kind.

3. Jesus, sweet as honey is your heart
Don't let me lack my daily bread and money,
When I am ready for a task to take
Mother Mary keep me straight in my direction.

Prayer

1. At the four corners of the street
Stands the Archangel Gabriel
With four loaves and with four fishes
This house well furnished will stand.

2. Come Lucia, come Saint Lucia
My soul to you is recommended
Of evil wishers please pluck the eyes
In my house the holy angels abide,
Together with the Father and Spirit Holy.

Sleep

1. Sleep comes to us as in ascent
Oh mother chaste to sleep he may be sent,
Sleep comes to us as in a fall
Saint Catherine to sleep the baby call.

2. Sleep comes to us in a low motion
Send him to sleep dear Saint Sebastian
Sleep comes to us from high above
Send him to sleep, Father full of love

lu sonnu veni di dda via
'ddurmiscitulu vui Matri Maria.

Anima Mia (si recita u 15 Settembre dopu menzijornu)

1. Anima mia pensa chi è muriri
e veni l'ura di lu trapassu
e lu dimoniu s'avvicina;
e unni mia chi veni a fari?

2. Chi lu jornu di Maria Assunta
mi aiu dittu centu Avi Maria e centu cruci,
l'Angiuli li scriveru e Maria li binidiciu.

O Diu Patri Criaturi

1. O Diu patri criaturi
tuttu nni vulistu dari
comu signu du tu amuri.
a Tia nostru Signuri.

2. E pi chistu nui sintemu
tanta gioia intra u cori
e cantamu lodi lodi lodi

3. Vardu 'ncantatu 'nturna a mia
e vidu erbi e ciuri d'ogni culuri
e cidduzzi chi volunu 'nto celu
e cantunu a gloria du Signuri.

4. Vardu i campi di ranu maturu
chi pari fattu d'oru rifinitu,
e l'albiri chi rami virdiggianti
è tuttu signu Diu du tò amuri.

5. Vardu l'acqua chi scurri 'nto turrenti
scinni chianu e non faci rumuru,
è frisca ed è chiara comu i sintimenti
chi ci sunnu 'nte cori i nui figghioli.

Sleep comes to us from every side
Mother Mary may in sleep he abide.

My Soul

1. My soul, recall that mortal here you stand
And the time to go is close at hand
The wicked devil will then draw near,
Why do you come, from me he will hear?

2. On the day in heaven Mary was conveyed
One hundred Ave Marias and crosses I prayed
By the angels were recorded and by Mary blessed.

God Our Father and Creator

1. God our Father and sole Creator
All our needs you have satisfied
A sign of your love that never died.

2. And for this inside we feel
Great happiness in our hearts
To you praises we sing and sing
To you our God and ever loving Lord.

3. Enchanted, all around me I view
I see green grass and flowers of every hue,
And little birds that fly in the air
Singing the glory of our Lord so fair.

4. I watch the fields with ripened grain designed
As golden as if made of gold refined,
The trees and all their branches are in fest
To the love of God they lovingly attest.

5. I watch the water in the brooklet flowing
I walk down disturbing noise avoiding
It's fresh and clean like the pure feelings
That fill the hearts of children like us.

6. E vardu u cielu azzurru in luntananza
lu mari e li muntagni illuminati
du suli chi sta pi tramuntari:
è tuttu signu du tò ranni amuri.

7. Vardu u focu chi brucia li rami
e nni quaddia cu so gran caluri,
e pensu chi cusì a nostra vita
ava bruciari pi puttari amuri.

8. Vardu a luna ch'illumina a notti
e tutti i stiddi chi fannu curuna,
e sentu 'na gran paci 'nto me cori
picchì è tuttu signu du tò amuri.

9. Vardu i luci i 'sta città e pensu
quantu peni ci stà 'nta ogni cori,
sulu tu, Signuri, nni poi dari
speranza, paci e cunsulazioni.

O Patruni di lu Munnu

1. O Patruni di lu munnu
siti Figghiu di Maria Vergini
e sempri ludamu lu nomu di Gesù
di Gesù e Maria, miserere nobis.

2. Maria, O Maria,
tu li sai li ma guai,
e si poi Maria du cori,
o Maria aiutimi tu.

3. O Maria vergini bella
'stu rusariu è pienu d'amuri
da tua prole ridinturi
chi riscatta a nui mischini.

4. Gloria a Vui e o Patri Eternu
gloria a Vui Figliolo divino
gloria a Vui Spiritu supremu

6. I watch the clear blue sky from a distance
The wavy sea and the illuminated mountains,
The sun preparing for the evening rest
The love of God they lovingly attest.

7. I watch the fire and branches in a blaze
Our bodies are warmed by the flames
Those flames our own lives must also fire
So that the love of God will transpire.

8. I watch the moon that illuminates the night
And all the stars that make a crown so bright
An overwhelming peace in my heart lies
Because it's your great love that signifies.

9. I watch the lighted city and meditate
The pains that in our hearts we tolerate
The power is all yours oh mighty Lord
To give us hope, peace and consolation.

The Master of the World

1. Of the world you are the master
Of virgin Mary you are the son
The name of Jesus we praise forever
Jesus and Mary, miserere nobis.

2. Blessed Mary, Mary blest
All my troubles you have assessed,
From your loving heart, I know,
Your assistance pray bestow.

3. Graceful Mary, blessed Mary
Full of love is this rosary,
For your son, redeemer Lord
Who redeems the poor forlorn.

4. To you glory and to the Father
To your son eternal glory,
Glory to you spirit holy

comu fù così sarà
pi tutta quanta l'eternità.

Pi Morti

1. O biati morti tutti
chi a lu celu siti tutti,
pi vui si canta gloria
e pi nui priati tutti.

2. Ianimi santi, ianimi purganti
iò sugnu sula e vuiautri siti tanti.

As it was and so will be
For the entire eternity.

For the Dead

1. Blessed souls who have departed
And in heaven all reside
For you we sing in glory
And you pray for all of us.

3. Holy souls who purify
You are legion, alone am I.

MADONNA DEL ROSARIO DI POMPEI

VII. CHURCH TEACHINGS - 'NSIGNAMENTI DA CHESA

This final section includes a list of the major Church teachings plus two long prayers of repentance and thanksgiving. While most of the Church teachings are still current, I found a few points of particular interest in these teachings recorded in the Sicilian language.

First, the Credo is quite different than the one recited at Mass. The first six lines compress most of the traditional credo. Then there is a considerable expansion of the belief on the role of the Catholic Church. Finally, there is a large portion dedicated to repentance.

Second, there are two Church precepts that have not been stressed for a long time; I certainly never heard them during my youth. The first is the prohibition against eating meat on both Friday and Saturday. The second is the command to pay a tithe to the Church, a command that must have predated the arrangements between the Vatican and the Italian government formalized during the fascist regime. Rather than tithing, I still remember churchgoers in my village placing ten liras in the collection basket as late as 1960.

Finally, there is a list of four sins that call upon God's wrath. One of them is the lack of compassion for the poor and another is cheating workers of their wages. These two sins are placed at the same moral level as murder. The Church may want to dust off its old precepts in an age when poverty is accepted almost unquestionably as a natural consequence of a well functional market economy and when requiring unpaid overtime from workers is glorified as efficient human resources management.

Il Credo

Iò cridu tri Pirsuni Divini in un sulu Diu
cridu la secunna Pirsuna dilla S.S. Trinità
chi scinniu di lu celu 'nterra, s'incarnò
si fici omu, muriu 'ncruci pi salvari l'anima nostra;

Cridu lu Santissimu Sacramentu
supra l'altari cè la sua rigali presenza comu veru e giustu giudici:
premia i boni cu paradisu e castiga i mali cu l'infernu;

A Crede

I believe in one God in three Divine Persons,
I believe in the second Person of the Most Holy Trinity,
Who came down from heaven on earth and became man
And died on a cross to bring salvation to our soul;

I believe in the Most Holy Sacrament
On the altar is placed his royal presence as true and just judge
Who rewards the good with paradise and punishes the wicked with hell;

Cridu tuttu chiddu chi m'insigna la Santa Matri Chesa
Cattolica, Apustolica, Rumana
Picchì Diu l'ha rivilata,
bucca di virità u quali non inganna e non può essere ingannatu;

Speru Signuri pi lu vostru sangu sparsu
pi la vostra santa divina prumisa,
iò speru lu pirdunu di piccati
e la gloria di lu santu paradisu;

Vi amu Signuri e vi vogghiu amari
cu tuttu lu cori e cu tutta la menti e tuttu mi stissu
picchì siti Unicu Summu Beni
dignu di essiri amatu e sirvutu su tutti i cosi;

Oh! chi mai Signuri v'avissi offisu!
Oh! chi sempri v'avissi amatu!
malidittu sia sempri lu piccatu!

Signuri vi prumettu, cu l'aiutu di la vostra Santa grazia,
di mai cchiù piccari, di mai cchiù offendervi;
mi cuntentu milli voti muriri
basta chi non uffennu la vostra Santa, Divina Maestà.

Prupositi

Nui prupunemu, Signuri Diu nostru
chi tuttu chiddu chi pinsamu discurremu, operamu
lu facemu a Vostra maggiuri gloria e onuri
a gloria di la Sacrasanta Umanità di lu Nostru Signuri Gesù Cristu
a la gloria di la Vostra S.S. Matri e di lu Patriarca S. Giuseppi
a la gloria di tutti l'angiuli e santi di lu Paradisu
in sufraggiu di li animi biniditti di lu Purgatoriu;

Pi l'aumentu di la Santa fidi 'nta la S. Chiesa Cattolica
pi la santità di l'ecclesiatici
pi la paci 'ntra li principi cristiani
pi la cunvirsioni di tutti i piccaturi e infidili
pi l'aumentu di la fidi, di la spiranza e di la carità
pi guadagnari tutti li santi indulgensi di li quali semu capaci 'ntra 'sta jurnata

I believe everything that is taught by the Holy Mother Church
Catholic, Apostolic, Roman
Because it was revealed by God,
Source of truth that cannot betray and cannot be betrayed;

I have hope, Oh Lord, because of the blood you poured out for us
Because of your holy and divine promise
I have hope in the forgiveness of sins
And the glory of holy paradise;

I love you Lord and I desire to love you
With all my heart and with all my mind and my entire being
Because you are the Only Sublime Good
Deserving to be loved and served above everything;

Oh! my Lord, that I may never have offended you!
Oh! that I may have loved you always!
Accursed be sin forever and ever;

Lord, I promise you with the help of your grace
That I will never sin again, that I will never offend you again;
I would rather die a thousand times
Than offend your Holy and Divine Majesty;

Resolutions

We propose, our Lord and God,
That all our discussions and all our actions
Will be directed at your greater glory and honor
To the glory of the Most Holy Humanity of our Lord Jesus Christ,
To the glory of your Most Holy Mother and the Patriarch Saint Joseph
To the glory of the angels and Saints in heaven
And as intercession for the blessed souls in Purgatory;

For strengthening of the Holy faith in the Catholic Church,
For holiness among the clergy,
For peace among Christian princes,
For the conversion of all sinners and those lacking faith,
For greater strength in faith, hope and charity,
To acquire all the holy indulgences was can gain this day,

a gustu di la Vostra Divina vuluntà e di la Vostra S.S. Matri;

Accussì, sirviremu unitamenti 'nta 'sta vita
vi putemu tutti unitamenti ludari, binidiri e ringraziari
'ntra la gloria di lu paradisu, comu sicuramenti spiramu
pi la Vostra infinita misiricordia picchì nni l'aviti prumisu;
Accussi sia.

I Pricetti da Chesa

Facitimi, miu Diu, cu lu Vostru aiutu e la Vostra Grazia,
chi tutti i cristiani ubbidissuru a tutti li Cumannamenti
di la Santa Chiesa cattolica, nostra matri, e li cincu
pricetti ginirali chi Idda nni cumanna:

1. Sentiri la Missa tutti i Duminichi e li festi cumannati
2. Diiunari 'nta Quaresima, li Vigilii e 'nte Quattru Tempura
   e non mangiari carni nè Venerdì nè Sabutu
3. Cunfissarisi almenu 'na vota l'annu e cumunicarsi a Pasqua
4. Non cilibrari li nozzi 'nte tempi proibiti
5. Pagari la decima a la Chesa.

Opiri di Misericordia Curpurali

Datinni aiutu d'opirari perfettamenti
li Setti Opiri di Misericordia Curpurali.

1. Dari a mangiari a l'affamati
2. Dari a biviri a l'assitati
3. Vistiri li nudi
4. Alluggiari li pilligrini
5. Visitari l'infirmi
6. Sippilliri li morti.
7. Pruvvidiri pi viduvi e l'orfaneddi.

Opiri di Misericordia Spirituali

Datini aiutu d'opirari perfettamenti
li setti Opiri di Misericordia Spirituali.
1. Cunsigghiari li dubbiusi

According to your Divine Will and that of your Most Holy Mother;

This way, united we will serve you in this life,
United we can offer you praises, blessings and thanksgiving
In the glory of paradise, as we certainly hope
In your infinite mercy, because you promised it to us,
Amen.

Church Commands

Ensure, my God, with your help and your grace
All Christians obey all the commandments
Of the Holy Catholic Church, our mother,
And the five general precepts that she has ordered:

1. Attend Mass every Sunday and on the prescribed feasts
2. Fast for Lent, the Vigils and four tempura
    And abstain from eating meat on Friday and on Saturday
3. Go to confession at least once a year and take communion at Easter
4. Do not celebrate weddings during the forbidden months
5. Pay the tithe to the Church.

Corporal Works of Mercy

Assist us in performing perfectly
the Seven Works of Mercy

1. Feed the hungry
2. Give water to the thirsty
3. Clothe the naked
4. Give shelter to the pilgrims
5. Visit the infirm
6. Bury the dead
7. Provide for widows and orphans.

Spiritual Works of Mercy

Lord, help me to perform perfectly
The seven deeds of spiritual mercy.
1. Give counsel to those in doubt

2. Insignari l'ignuranti
3. Ammuniri i piccaturi
4. Cunsulari l'afflitti
5. Pirdunari i nimici
6. Suppurtari pazientamenti li pirsuni fastidiusi
7. Prigari a vui pi li vivi e pi li morti.

Virtù Cardinali

1. Datinni la forza di risistiri contra li nostri tri putenti nimici: munnu, carni e dimoniu, cu li quattru Virtù cardinali: Prudenza, Giustizia, Furtizza e Timpiranza.

2. Datinni 'na cuntinua mimoria di la nostra morti,
di lu Vostru tremendu giudiziu,
di l'orribilità di l'infernu
e di la biddizza di lu Paradisu.

Cunfissioni e Umiliazioni

Fin'ora, miu Diu, non haiu pututu rinesciri, non haiu pututu spuntari anzi haiu fattu sgarrari tutti li Vostri disegni, ed è stata tanta 'ranni la mia ingratitudini, la mia scanuscenza, la mia ostinanza, chi cu li ma piccati haiu 'cchiuttostu sbrigugnatu la Vostra Santa fidi, la Vostra Santa Liggi, la Vostra Santa Divina Maistà.

Umiliatu a li Vostri Santi pedi e ravvidutu di tanti erruri
cunfessu in pubblicu di tutti li criaturi, li me gran piccati.

Attu di Duluri

Cunfusu e dispiaciutu d'aviri cummissu tanti piccati,
ed essiri un veru traditori ingratu contru la Vostra infinita bontà,
mi nni dispiaci, miu Diu, di veru cori, e vi nni dumannu pirdunu.

A Cunfissioni di Piccati

1. Pinsari beni li piccati e lu numuru di li piccati
2. Aviri cunduluri e pintimentu di li piccati fatti

2. Offer lessons to the ignorant
3. Give warnings to sinners
4. Console the afflicted
5. Forgive your enemies
6. Bear with patience those who annoy you
7. Pray to you for the living and the dead.

Cardinal Virtues

1. Give me the strength to resist the power of the three most powerful enemies: Wordly things, desires of the flesh, and the devil, with the four cardinal virtues:
Prudence, Justice, Strength, and Moderation.

2. Give me an unfailing awareness of our mortality,
Of your frightening judgment,
Of the horrifying prospect of hell,
And the beauty of paradise.

Confession and Contrition

So far, my Lord, I have had no success and I have been unable to follow your plan for me, I have actually derailed your plan, and my ungratefulness, my ignorance, my stubbornness have been so great that, as a result of my sins, I have heaped shame on your Holy faith, your Holy law, and your Holy and Divine Majesty.

Humbled at your feet and mindful of my many errors,
I confess all my sins in the presence of all creation.

Act of Contrition

Confused and remorseful for committing so many sins,
and having been such a traitor against your infinite goodness,
I express my deep regrets, my God, and beg your forgiveness.

Confession of Sins

1. Think seriously about your sins and count their number,
2. Be sorrowful for your sins and repent,

3. Com'hai uffisu a Diu
4. Prumettiri di non piccari cchiù
5. Diri tutti li piccati murtali o cunfissuri, e loru numeri e specii
6. *Fari la pinitenza chi ti duna u cunfissuri.*

Piccati chi gridunu vinnitta davanti a Diu

1. Omicidiu Vuluntariu
2. Piccatu carnali contra la natura
3. Non aviri cumpassioni cu lu pouru
4. Luvari la mircedi all'operaiu.

Preghiera alla SS. Trinità

1. Santissima Trinità: Patri, Figghiu e Spiritu Santu
iò Vi aduru comu Diu Onniputenti, sapienti e bonu
chi mi aviti criatu a immagini e similitudini Vostra;

2. Vi ringraziu chi mi aviti datu un'anima spirituali ed eterna
cu tri putenzi: mimoria, intellettu, e vuluntà;
Vi ringraziu chi mi aviti dutatu di tri tesori priziusissimi,
di li tri virtù teologali: Fidi, Spiranza e Carità;
Vi ringraziu chi m'aviti datu un corpu dispustissimu
pi putirvi sirviri ed amari, corpu ornatu di cincu sensi:
vista, uditu, oduratu, gustu e tattu.

3. Vi aduru comu Diu Ridinturi chi m'aviti riscattatu
cu tuttu lu spargimentu di lu Vostru Priziusissimu Sangu
e cu la Vostra dulurissima Passioni e Morti;
Vi ringraziu chi m'aviti libiratu di la schiavitù di lu dimoniu,
di la servitù di lu piccatu e di l'eredità dill'infernu;
Vi ringraziu chi m'aviti datu la vostra Grazia,
la vostra figghiulanza, l'eredità di lu santu Paradisu.

4. Vi ringraziu chi aviti instituiti i setti Sacramenti:
Battesimu, Crisima, Eucaristia, Pinitenza, Ogghiu
Santu, Ordini e Matrimoni.
Vi aduru comu Diu benefatturi
chi in tanti maneri m'aviti beneficatu.

3. Think the many ways you have offended God,
4. Make a solemn promise not to sin again,
5. Mention all your mortal sins to the confessor, listing numbers and giving details,
6. Do the penance ordered by the confessor.

Sins that Call for God's Wrath

1. Murder,
2. Carnal sin against nature,
3. Lack of compassion for the poor,
4. Cheating the worker of his wages.

Prayer to the Most Holy Trinity

1. Most Holy Trinity: Father, Son and Holy Spirit,
I adore you, as all powerful, all knowing and merciful God
Who created me in your own image.

2. I thank you for giving me a spiritual and eternal soul
With three powers: memory, intellect, and will;
I thank you for granting me three most precious treasures,
The three theological virtues: Faith, Hope, and Charity;
I thank you for giving me a body ever ready
To serve and love you, a body adorned with five senses:
Sight, hearing, smell, taste, and touch.

3. I adore you as my Redeeming God who ransomed me
By spilling your own very precious blood
And with your agonizing Passion and Death;
I thank you for freeing me from the clutches of the devil,
And from the slavery of sin and the sentence of hell; I thank you for granting me your grace, your sonship and a place in holy Paradise.

4. I thank you for instituting the seven Sacraments:
Baptism, Confirmation, Eucharist, Penance,
Holy Oil, Clerical orders, and Marriage;
I adore you as my benefactor God
For the many times you have helped me.

5. Vi ringraziu chi pi Vostra Buntà non sugnu 'nta lu 'nfernu
o purgatoriu; non sugnu 'ntra delitti, piccati,
'ntra iniquità e scilliragghini;
Vi ringraziu chi non sugnu 'nfradiciutu 'nte spitali
carricu d'infirmitati e malatii.

6. Vi ringraziu di la saluti curpurali chi m'aviti mantinutu
cu la Vostra Divina Pruvvidenza 'nto vittu e 'nto vistiri;
Vi ringraziu di lu bonu nomu e di la bona fama
chi m'aviti cunsirvatu;.
Vi ringraziu di tanti lumi chi aviti datu a la ma menti
e di tanti boni ispirazioni a lu ma cori.

7. Vi ringraziu di tanti Ordini Religiosi ch'aviti fundatu
e di tanti religiusi chi mantiniti: sacerdoti, ecclesiastici
tutti a prufittu dill'anima mia;
Vi ringraziu di tanti predichi chi m'aviti fattu sintiri,
esercizi, missioni, catechismi, e spiegazione dill'Evangeliu.

8. Vi ringraziu pi li tanti piccati chi non haiu fattu
pi la vostra continua assistenza;
Vi ringraziu di tant'autri benefizi chi m'avissivu fattu
si iò non avissi statu cuntrariu cu li ma piccati;
Vi ringraziu che stamatina m'aviti fattu arrispigghiari
M'aviti purtatu a la Vostra casa, avanti lu Tronu di
la Vostra Divina Maistà, pi ludarivi, beneditivi e rinraziarivi.

9. Quantu benefizi, miu Diu! Quanta finizza di carità!
Quant'abbunnanza di grazii m'aviti cuncessu,
pi smoviri lu ma cori a sirvirivi e amarivi!

Prighiera

1. Pirdunatimi, miu Diu, pi la Vostra infinita misericordia
pirdunatimi pi li meriti di la Vostra dulurissima passioni e morti
pirdunatimi pi li meriti di la Vostra Santissima Matri
nostra Signura, e pi li meriti di li Vostri Servi.

2. Ed essennu Vui, miu Diu, infinitamenti amabili
vi vogghiu beni e vi amu supra tutti li cosi;

5. I thank you that through your grace I am not condemned to hell
Or to purgatory; that I am not in the midst of murders, sins
Iniquities and all evil things;
I thank you that I am not rotting in a hospital
Loaded with sicknesses and infirmities.

6. I thank you for the physical health you have granted me
By providing food and clothing through your Divine Providence;
I thank you for maintaining my good name
and good standing in the community;
Tank you for the enlightenment you provided so many times
And for the many inspirations you put in my heart.

7. I thank your for founding so many Religious Orders
And for supporting so many religious servants: priests,
And members of other religious orders, all of them for the good of my soul;
I thank you for all the sermons that I have heard,
Spiritual exercises, missions, catechism, and explanations of the Gospels.

8. I thank you for all the sins that I did not commit
Because of your unfailing assistance;
I thank you for so many other gifts that you would have bestowed on me
Had I not been so prone to sinful behavior;
I thank you that this morning you let me wake up again
And accompanied me to your house, in front of the Throne
Of your Divine Majesty, to give praises, blessings, and thanks.

9. How many benefits, my God! What delicate charity!
What abundance of gifts you have granted me,
To touch my heart so I can love and serve you!

Prayer

1. Grant me your pardon, my God, out of your infinite mercy,
Grant me your pardon, from the worth of your agonizing Passion and Death,
Grant me your pardon, from the worth of your Most Holy Mother
Our lady, and from the worth of all your servants.

2. Because, my God, you are infinitely lovable
I have true affection and love for you above all things;

prumittennuvi pi l'avviniri di vulirivi sirviri
ed amari cu tuttu l'impegnu e tuttu lu cori.

3. Siccomu da parti nostra nenti sapemu e nenti sapemu fari
illuminati Vui la nostra menti cu li setti fiammi ardintissimi
di li vostri setti doni: Sapienza, Intellettu, Cunsigghiu
Furtizza, Scienza, Pietà, Timuri di Diu.

4. Saziati e ricriati li nostri cori cu li vostri dudici frutti:
Carità, Gaudiu, Paci, Pacenza, Binignità, Buntà,
Lunganimità, Mansuetudini, Mudestia, Fidi, Cuntinenza, e Carità.

5. Libiratimi di li piccati chi griduni vinnitta contru di vui:
dill'omicidiu vuluntariu, du piccatu carnali contru natura,
dill'oppressioni di li poviri, di lu fraudari la mercedi all'operai.

6. Libiratimi di li piccati contru lu Spiritu Santu,
di la dispirazioni pi la saluti,
prisunzioni di salvarinni senza fari opiri boni,
cuntrariari la virità canusciuta,
invidiari lu beni spirituali di lu prossimu.
Libiratimi dill'ostinazioni 'ntre piccati
e di vuliri muriri in disgrazia Vostra.

7. Libiratimi di piccati murtali, di piccati veniali
e di ogni autra sorta di piccati,
ch'è disgustu a la Vostra Divina Maistà.

And I promise that in the future I will serve you
And I will love you with the full commitment of my heart.

3. Because we have limited knowledge and limited ability
We beg that you enlighten our mind with the blazing flames
Of your seven gifts: Knowledge, Intellect, Wisdom, Strength,
Scientific Understanding, Mercy, and the Fear of God.

4. Fill and renew our hearts with your twelve fruits:
Charity, Joy, Peace, Patience, Kindness, Goodness, Forbearance,
Meekness, Modesty, Faith, Temperance, and Love.

5. Keep me free from the sins that call forth your vengeance:
Murder, carnal sins against nature,
lack of compassion for the poor, cheating the worker of his wages.

6. Keep me free from sinning against the Holy Spirit,
From falling in despair because of poor health,
From the presumption that I will be saved without doing good deeds,
From opposing the truth that has been made known to us,
From envying the spiritual wellbeing of others;
Keep me free from pursuing obstinately a sinful life,
And to desire dying in your disgrace.

7. Keep me free from mortal sins and minor transgressions
And from any other kind of sin
That is repugnant to your Divine Majesty.

MARQUIS
Marquis Book Printing Inc.

Québec, Canada
2009